如何抓住滬港通、深港通的投資機會
權威人士親自撰文，揭示金融互通未來前景

中國股市新機遇

New opportunities
in China's
stock market

梁海明、彭琳◎主編

財經錢線

序

　　滬港通和深港通為兩地市場都帶來了新的投資機遇，大家是否思考過，為什麼中央政府會同意開通滬港通、深港通？而滬港通、深港通開通之後，大家該如何抓住當中的投資機會，同時避開未知的風險呢？繼滬港通、深港通之後，未來金融領域是否還會有別的互聯互通？若有，中央政府開通這些互聯互通背後的考慮是什麼，大家該怎樣提前準備，以把握住機遇呢？

　　若讀者沒有上述問題的答案，或者答案不是那麼清晰，那麼這應該是一本值得您擁有的書。

　　本書邀請了國務院部委的官員、相關政策的制定者、權威專家學者、業界人士和投資銀行經濟學家，嘗試給讀者解答疑問，並探討金融領域互聯互通的未來前景。

　　更為重要的是，本書是兩地市場第一本系統地分析滬港通、深港通以及未來金融領域更多互聯互通的書籍，深具市場前瞻性，值得仔細閱讀。

　　在本書的第一部分，將剖析中國開通滬港通、深港通的玄機，並會告訴讀者，「通」只是一個過程和手段，「通」是為了「融」，更是為了「新」。讀者可在本書的第一部分，透過兩地市場的「通」，進

一步窺視到未來兩地及海外如何「融」，如何「新」。

相對於第一部分的「虛」和「離地」，本書的第二部分則會比較「實」和「落地」，由資深的、實戰經驗非常豐富的著名金融業界人士和投行經濟學家們，從經濟形勢、宏觀政策、技術分析等不同角度告訴讀者如何緊緊抓住滬港通、深港通的投資機會。讀者可在本書的第二部分，瞭解如何繞開投資的「雷區」，踏上「坦途」。

在本書的最後一部分，則重點分析、預測了金融領域互聯互通的未來趨勢，尤其是在「一帶一路」倡議的背景之下，除了滬港通、深港通之外，未來還有什麼「通」，以及這些「通」，將給中國香港、中國內地乃至世界帶來什麼變化。讀者在本書的這個部分，將不僅僅只看到「樹林」，還能一睹金融世界的「整座森林」。

不僅僅是中國內地與中國香港市場走向共融，事實上全球各國金融市場都已經趨於互聯互通，「金融語言」也逐漸成為國際共同的語言，世界每一個角落的人對企業上市、股價、股市的波動等共同的體驗，都產生了具有廣泛認同性的「通感」。在這種「通感」面前，不同的語言、風俗、民族和國籍都不再是界限。

因此，希望這本書給讀者們帶來「通感」的同時，能夠促使讀者站在一個更高的、更與眾不同的角度，既可審視正在進行當中的金融互聯互通，又能做好準備，迎接更廣闊領域中的互聯互通。

最後，讀者若讀完這本書，對書的內容有疑問，或者希望和本書作者交流、探討，請通過電子郵件：archie0706@hotmail.com 與作者聯絡。作者也非常期待讀者們的寶貴意見和反饋，謝謝！

梁海明

2016 年 11 月 18 日

目錄

一、滬港通、深港通政策的背景與緣起

003	解讀深港通	李小加
009	從中國金融大格局考察港深滬互聯互通與共同市場的建立	巴曙鬆
018	互聯互通新時代：深港通不僅限於通	梁海明
027	深港通意義何在？	張　明
031	從滬港通到深港通，中國資本市場雙向開放再提速	程漫江

二、深港通政策面面觀及市場影響

043	從深港通看中國資本市場開放	洪　灝
051	互聯互通與香港資本市場：是目的地市場，更是門戶市場	巴曙鬆
063	厘清股市互聯互通機制的幾個關鍵問題	陳世淵
071	深港通推出，何以內地冷而香港熱	溫天納
078	深港通或將重啓牛市	陳健祥
084	香港與深圳互聯互通的策略和建議	洪為民
099	從跨境資本流向看金融格局演進	張高波

三、「兩通」之後往何處去

107	迴歸金融本質，服務實體經濟	周漢民
112	滬倫通將挑戰滬港通和深港通？	彭　琳
118	深港通，原來你也來了	萬　喆
126	金融方略是中國未來大國戰略的關鍵手段	萬　喆
140	中國當前應推動亞洲區域金融合作	張　明
148	香港作為「一帶一路」的超級聯繫人還須自我增值	洪為民
152	擴大金融互聯互通，推動中美「一帶一路」合作	梁海明

附錄

159	滬港通政策簡介
162	深港通政策簡介
164	證券基金經營機構參與內地與香港股票市場交易互聯互通指引

一、滬港通、深港通政策的背景與緣起

解讀深港通

香港交易所集團行政總裁　李小加

深港通終於要來了！2016年8月16日，國務院正式批准了《深港通實施方案》，中國證監會與香港證監會也發出了深港通聯合公告，顯示出中國進一步對外開放資本市場的堅定決心，也為香港交易所的互聯互通戰略迎來了新的里程碑。

在深港通新聞發布會上，我向大家介紹了深港通的主要特點，傳媒朋友已經進行了廣泛報導。不過，仍有不少朋友向我詢問深港通的細節，大家關心的問題似乎都差不多，因此，我把大家常問的一些問題答案整理出來，謹供有興趣瞭解深港通的朋友們參考。

1. 作為互聯互通機制的升級版，深港通有哪些升級之處？深港通對於香港交易所有何意義？

第一，深港通為投資者帶來了更多的自由和便利，總額度限制取消是一個重大進步（滬港通的總額度亦已即時取消）。雖然目前總額

度還有剩餘，但對於機構投資者（尤其是海外機構投資者）來說，總額度限制始終是制約他們投資內地股票市場的一大顧慮，取消總額度限制可以讓他們更加放心地投資，從長期來看，一定會鼓勵更多海外機構投資者參與深港通和滬港通。

第二，深港通為投資者帶來了更多的投資機會。深港通下的深股通涵蓋了約900只深圳市場的股票，其中包括約200只來自深圳創業板的高科技、高成長股票，與滬股通投資標的形成良好互補。深港通下的港股通涵蓋約400只港股，比滬港通下的港股通新增了近100只小盤股（包括恒生小盤股指數成分股及深市A股對應的H股）。投資標的的擴容，可以滿足不同類型投資者的投資需求。

第三，更豐富的交易品種。除了現有的股票，深港通未來還將納入交易所買賣基金（ETF），為投資者提供更多選擇。

需要指出的是，深港通與滬港通採用同樣的模式，這一模式最大的特色是以最小的製度成本，換取了最大的市場成效。通過這一模式，兩地投資者都可以盡量沿用自身市場的交易習慣投資對方市場，可以最大限度地自由進出對方市場，但跨境資金流動又十分可控，不會引發資金大進大出，實現了最大幅度的中國資本市場雙向開放，讓兩地市場實現了共贏。

對於香港交易所而言，兩年前開啓的滬港通是我們互聯互通戰略的第一步，為我們開創了一種全新的資本市場雙向開放模式，今日的深港通則以實踐證明，這種模式是可複製和可擴容的。深港通的推出將是一個質變，意味著我們的「股票通」戰略在二級市場層面已基本完成佈局。

2. 既然已經取消了總額度限制，為什麼深港通仍然保留了每日額度限制？

深港通下的港股通每日額度為105億元人民幣，與滬股通下港股通的每日額度相同。由於內地投資者既可以使用滬港通投資香港股票，也可以通過深港通投資香港股票，深港通的推出實際意味著將現有的港股通每日額度擴容一倍。深港通保留每日額度限制，主要是出於審慎風險管理的考慮。雖然從滬港通目前的運行情況來看，很少有每日額度用罄的情況，設置此限制似乎有些過慮，但在設計這個機制的時候必須從全域考慮，每日額度限制有點像減速器，它的作用主要是在資金流動過於猛烈的時候給市場一個緩衝，控製一下節奏。

3. 為什麼深圳創業板的股票僅開放給機構專業投資者？香港和海外散戶投資者如何投資深圳創業板股票？

在深圳創業板上市的股票通常比在深圳主板和中小板上市的股票市值小，波動性往往也更大，可以說是高風險高收益類的股票。所以深圳創業板在內地也不是開放給所有投資者，而是設有一個參與門檻。為了保護中小投資者，中國證監會有一套完整的投資者適當性管理方法，比如內地投資者在開通創業板投資權限時，必須簽署風險揭示書，表示已經充分瞭解了創業板的投資風險。香港目前還沒有這樣的投資者適當性管理體系，因此，目前可通過深股通買賣深圳創業板股票的投資者僅限於香港的機構專業投資者，不包括香港股票市場上

的散戶。不過，我相信深港通推出後，香港會有基金公司推出更多投資深圳市場的基金產品，如果有興趣，香港的散戶可以通過購買相關的基金來把握深圳創業板的投資機會，而這也會為香港的業界帶來新的發展機遇。

另外，據我瞭解，香港方面也在研究如何在香港推出適當的風險提示程序，幫助散戶認知風險等。未來這樣的風險提示程序出抬之後，香港的散戶或許也可以通過深港通投資深圳創業板股票。

4. 深港通的推出會否為香港市場帶來增量資金？

這問題可從兩方面考慮：一方面，由於深港通下的港股通投資範圍較滬港通下的港股通更廣，多出近100只港股，相信會吸引一些對這些股票感興趣的內地投資者；另一方面，深交所也會加強對港股通的推廣和投資者教育工作，隨著內地投資者對於港股市場瞭解程度的加深，相信港股通將更有活力。

5. 如何看待A股和H股價差？深港通的啓動是否會縮小甚至消除兩地價差？

AH股價差的根源，是兩地市場的投資者在風險偏好和投資理念上有很大差距。內地市場的投資者主要由散戶構成，比較情緒化，而香港市場則由機構投資者主導，更加理性和注重價值投資。儘管同一個公司的A股和H股是同股同權，理論上內在價值應該趨同，但由於兩邊的股票並不能自由流動和互相替代，套利機制不存在，所以即

使在滬港通推出之後，AH 股價差也會長期存在。深港通的推出應該無法消除兩地價差，但長期來看，因為兩邊的投資者都有了更多選擇，肯定會有助於縮小兩地價差。

6. 深港通是否會增加明晟指數（MSCI 指數）納入 A 股的概率？

中國已經是世界第二大經濟體，中國內地的 A 股將來一定會被納入國際主要指數，只是早晚的問題。深港通的推出，將為海外投資者開放更多內地股票市場，尤其是總額度的取消將給他們帶來更多的投資自由和便利，一定有助於推動國際主要指數編制機構未來將 A 股納入這些主要指數。

7. 你怎麼看市場對於深港通公布的反應？

如同我在滬港通開通時所說，滬港通和深港通都是一座天天開放的大橋，而不是一場音樂會，它的價值可能需要兩三年或者更長的時間來檢驗。作為一項創新的互聯互通模式，滬港通和深港通著眼於長遠和未來，其升級和完善將是循序漸進和持續的。短期市場的波動主要取決於投資者的情緒變化，我們無法也無意預測，但是我堅信，從長遠來看，互聯互通機制一定會給兩地市場都帶來十分深遠的影響。

8. 深港通未來是否還會延伸和擴容？互聯互通下一步還有什麼計劃？

可延伸和可擴容是深港通模式的一大特色，比如，深港通未來將

加入ETF這一新的投資品種，我們預計有望在深港通運行一段時間後加入。之所以需要等待一段時間，主要是因為滬深港三個交易所在ETF的清算交收和ETF與股票的互換上有不同的機制，所以三個交易所和兩地監管者需要共同研究相關細節，希望能夠盡快推出。

此外，不斷完善滬港通和深港通的交易機制也是我們的一項重要工作，未來我們還將繼續與兩地監管機構和仲介機構緊密溝通，盡量優化假期安排和做空機制，減少互聯互通機制休市的時間，為廣大投資者提供更多便利。

深港通和滬港通都屬於股票通，我們相信，在不久的將來，這個模式可以延伸到更多的資產類別，比如債券通和貨幣通，為境內外投資者和兩地業界帶來更多機遇。

從中國金融大格局考察港深滬互聯互通與共同市場的建立

香港交易所首席中國經濟學家
中國銀行業協會首席經濟學家　　巴曙鬆

　　從國際範圍內來看，交易所之間的互聯互通並不少，但是實際上成功的並不多，滬港通和深港通的廣受歡迎，主要是因為滬港通和深港通的啓動，順應了中國金融格局調整的現實需要，也順應了全球金融市場的調整趨勢。

　　從歷史脈絡上來說，中國的資本市場的開放，分為幾個階段。

　　第一個階段是 1993 年到 2000 年，這個時期主要是中國內地的企業到海外上市，絕大部分在中國香港上市，通過籌集外部資金來進入中國內地市場，以海外上市來實現資本市場的開放。從 1993 年到現在大概在中國香港籌集了多少資金呢？超過 5 萬億港元。

　　第二個階段，從 2001 年到 2010 年，內地的資本市場快速發展，股權分置順利改革並取得突破。此時，中國的資本市場開放，採取的是合格機構投資者的審批方式，也就是合格境外機構投資者（QFII）

和合格境內機構投資者（QDII）。

第三個階段是順應人民幣國際化的大趨勢，伴隨著人民幣在貿易結算和投資領域的應用，人民幣在國際市場的應用不斷擴大，中國資本市場進入伴隨人民幣國際化推動下的開放時代。典型代表是一些直接投資管道，從原來二級市場投資開始轉到直接投資管道，就是人民幣合格的境外機構投資者（RQFII）等。

現在深港通啟動，它開啟的是一個新的時代，我認為可以稱為共同市場時代，在深港通的政策框架下，延續了滬港通主要的交易、結算、監管的製度，但是還有新的突破，即取消了總的額度限制。在滬港通項下，因為它在啟動初期，對於可能產生的市場衝擊可能還需要觀察，所以當時設定了限額，這對當時市場平穩運行有一定的價值。但是對於很多進行長線佈局的人來說，這種限額可能就會帶來一些疑慮，因為他如果去進行中長線佈局，萬一額度中途就沒有了，這個策略有可能就很難很好地實施。因此深港通總額度的取消，再加上互聯互通從原來的上海延伸到深圳，實際上把三個交易所聯繫起來，成了一個事實上的共同市場。

所以，我們評估深港通、滬港通的很多影響，都需要放在共同市場的一個大的框架下。比如，在滬港通剛剛開始啟動的時候，兩地 A 股和 H 股之間存在明顯的差價，所以部分市場投資者預期，原來兩個不聯通的資本市場，通過滬港通聯通之後，就像兩個水面有差異的湖面聯通後，水面可能會逐步拉平。但有趣的是，滬港通開通之後相當長的一段時期內，這二者之間的差距不僅沒有縮小，反而擴大了。這個讓不少的投資者和研究者大跌眼鏡，為什麼會是這樣？

深入研究可以發現很多有意思的判斷。例如，因為滬港通項下的

額度限制使得海外資金進入上海市場和上海資金進入香港市場占的交易比例非常小，遠遠不能達到改變當地交易習慣、估值水平和估值習慣的程度。所以估值的差異在聯通之後反而擴大，顯示出實際上聯通的兩個市場的市場估值的波動週期，以及不同的市場環境和投資者群體，是決定各自估值水平的關鍵因素。如果剛才的推理成立的話，現在互聯互通延伸到深圳，三個交易所的聯通即將進入一個共同市場時代，總的交易限額取消了，那麼這個估值的差異是會繼續擴大，或是會繼續保持，還是會縮小呢？主流的看法還是傾向於認為縮小的可能性相對比較大，一是相互進入對方市場的交易的占比在上升，二是限額的取消以及機構投資者的入場，如保險資金可以進入滬港通市場。但是從滬港通運行的經驗來看，即使聯通之後，幾個市場之間的差異預期還會一直不同程度地以不同方式存在。

如果說深港通實際上全面開啓了深圳、上海和香港市場的互聯互通，那麼這個共同市場的需求動力來自哪兒呢？

第一，中國的產業轉型，需要金融結構做出調整。比如激勵創新，靠銀行的貸款融資來激勵創新不容易，所以要發展直接融資，融資結構因此要做出調整。中國居民投資的產品需求要多樣化。目前中國居民的財富持有結構具有很突出的特點：比較多地集中在比較少的金融產品、貨幣和市場上。經過30多年改革開放累積的財富，中國居民持有形式最多的資產類別之一是房地產。關於房地產的總市值有不同的計算口徑，我看到的一個估算，現在中國的城市居民持有的房地產的市值是270萬億元，上海、深圳和香港的股票市場的市值也分別就是30萬億元、40萬億元。前段時間在香港有一個討論會，我說一旦啓動資產結構轉換，內地的投資者只要把房地產財富的10%拿來

投資香港市場，就會深刻影響香港股市。這個判斷從數據上看是成立的，關鍵是居民資產結構的調整是否會啓動，什麼時候能啓動，以什麼方式來啓動。

中國居民的財富第二大儲存形式是銀行。這些財富怎麼轉換成其他的金融產品？怎樣進行適當的跨境配置？這些都對整個金融市場提出了很重要的實際要求。中國對國際市場的投資於 2016 年首次超過外商在中國的直接投資。中國企業發展到目前這個階段，有國際跨市場多元化配置的需要。從企業層面來說，中國企業已經發展到從原來主要以吸引國際投資為主，轉變為逐步拓展對外的投資。同時，機構投資者如保險公司、個人投資者也有同樣或相似的進行國際化配置的訴求。

當前，諸多國內的機構投資者面臨著所謂的「資產荒」。資產荒並不是指有錢買不到資產，而是指在目前低利率的環境下，負債成本下降緩慢而資產收益率下降迅速，導致在市場上找到能夠覆蓋負債成本和期限的適當的資產的難度越來越大；將資產過分集中在單一貨幣上，也面臨很大的匯率風險。舉例來說，作為長線投資項目的內地保險資金，如果在 2014 年投資海外市場，比如通過滬港通，即使投資產品本身低盈利，從人民幣的角度來測算，賣出來兌換成人民幣，也多了百分之十幾的利潤。可見進行多貨幣、多市場的組合投資，來平衡各種風險，其實際需求也非常大，滬港通、深港通這樣進行國際配置的平臺的出現恰逢其時。

第二，中國資本市場開放也意味著更多的國際資金可能會進入中國市場，所以滬港通、深港通提供了資金雙向流動的渠道和平臺。從 2015 年到 2016 年，國際資產管理行業有一個很重要的特點，即主動

型管理的資金大幅流出，流向了被動型的、指數型的投資。在動盪的市場條件下，這些標誌性的指數往往還能夠提供一個與市場大致一致的表現，這些指數的影響力在擴大，越來越多的被動型的基金跟蹤一些標誌性的指數，使得只要被納入特定的指數裡，全球參照這個指數進行跟蹤配套的基金，就會相應地買入市場的金融資產，資金就會相應流入。在債券市場用得比較多的是摩根的新興市場債券指數。做個簡單的模擬，比如A股加入MSCI指數，如果它占比是1.3%，會引入221億美元的投資；如果它占比是20.5%，會吸引3,480億美元的新增投資。一個債券的模擬測算如果占到了38.3%，會吸引7,600多億美元的流入。摩根士丹利資本國際公司加入中國市場、債券市場，人民幣加入國際貨幣基金組織（IMF）的特別提款權（SDR）貨幣籃子莫不如是。

　　大家關注MSCI什麼時候加入中國市場，這不僅僅是MSCI決策的過程，還需要參考MSCI跟蹤的那些機構投資者的意見，特別是一些大型的進行被動型投資的基金管理公司的意見，作為這個指數的用戶的看法具有不小的影響力。我個人認為，中國加入MSCI指數也只有咫尺之遙。2015年的股災使得這個加入過程有些延後，如果站在海外機構投資者的角度看，也可以理解。在股災的市場環境下，站在被動的機構投資者的角度看，有不少的問題確實無法迴避，比如千股跌停，投資者在這樣一個流動性接近枯竭的條件下，這些基金可能滿足不了贖回的要求。另外，MSCI本來是要通過特定的交易策略來鎖定風險，如果有人忽然限制股指期貨開倉，也加大了這些被動性基金的操作難度。而滬港通、深港通的啓動，為內資以較低的成本進行國際配置，外資能夠順暢地進出中國市場提供了一個不錯的通道，也有

助於推動中國加入這些國際上有標誌意義的金融市場指數，進而吸引新的國際資本流入。

第三，從中國資本市場開放的現狀評估來看，實際上中國的資本市場進行雙向開放的空間非常大。我們做了一個匡算，在以額度管理為代表的雙向開放體系下，把中國資本市場已經批准給金融機構的所有的額度全部用滿，是 4,750 億美元的額度。假設這個容量全部流入中國市場，也只占到中國資本市場的 3%。中國保險資金對海外投資最大的容許額度是 15%，現在保險公司對外市場的規模，占總資產的比例僅僅在 2% 左右。如果我們所有對外投資的這些額度全部都用滿、用足，占國際資本市場的市值比例是 0.1%。2016 年以來，中國債券市場的開放邁出了新的步伐，這個比例的計算需要做出一些調整。但是，基本的結論還是成立的，那就是：中國已經是世界第二大經濟體，貿易世界排名第一，但是在國際資本市場上，還是不容易看到以人民幣計價的金融產品，目前中國資本市場的雙向開放具有很大的潛力。這些機構投資者現在也迫切需要一個高效率、穩定進行國際資產佈局的平臺。滬港通、深港通恰逢其時地提供了這樣的平臺。

第四，從香港的發展經驗來看，30 年前，在香港上市的上市公司，基本上是香港的本地公司。伴隨著改革開放，中國的上市公司希望籌集資金進行投資，而國際投資者想進入中國市場，卻找不到適當的通道。因此香港抓住了這個連接東、西方市場的機會，成功轉型為一個國際金融中心。在過去中國 30 多年改革開放的過程中，國際市場的投資者和來自中國內地的上市公司，在香港市場匹配。香港的這個功能通常被稱為「超級連接器」。如果做個比喻，香港就像一個轉換開關，不同類型的插頭，在香港這個插座上都能插上，都能對接使

用。香港高效率地完成了這個匹配的功能，直接推動香港成為一個國際金融中心，現在這個融資的需求仍然很旺盛。2015年香港市場的新股籌資額達到全球第一，2016年也是全球第一。

目前一個新的需求正在急遽成長，中國內地的投資者包括機構投資者、金融機構和個人，都希望把自己的一部分資產配置到海外市場，海外產品的提供者也需要尋找新的投資者群體，這就有望構成一個新的資金流動的循環。這個需求此時給香港金融市場提出了新的要求：要把國際市場上的各種金融產品都吸引到香港這個平臺上，香港金融市場要像一個大型金融產品的超市，供內地投資者在這個金融大超市上進行資產配置。從趨勢看，在這樣一個金融大超市裡面，應當既有股票、定期貨幣產品，也有大宗商品。下一步這種聯通還可以延伸和拓展，從股票的二級市場延伸到一級市場，從股票市場延伸到貨幣和固定收益產品市場，進而延伸到大宗商品領域。

互聯互通可帶來的價值，在股票市場是一種價值，在大宗商品領域可能又是另外一種價值。最近香港交易所在前海設立了一個大宗商品交易平臺，就是基於這樣的戰略考慮。

第五，從市場格局來看，中國內地的大宗商品市場呈倒三角形：最活躍、交易量最大的是頂端的金融類參與者，主要進行投機性的交易；中間的是一些交易融資；底部則是為實體經濟服務的生產商、消費商和物流。而國際市場現在的特點，是緩慢地從現貨市場買賣，逐步延伸到中間市場交易和融資，這些交易和融資需要一些風險管理，然後就繼續延伸到金融類的參與者，是一個正三角形的分布。那麼內地市場和國際市場兩邊各需要什麼？從直觀上就可以看出，內地市場需要更多的關注，從而服務實體經濟，國際市場則需要更多的流動性

来提高市場的效率。所以如果兩邊能夠聯通起來，對中國的大宗商品和國際的大宗商品市場可以達到一個雙贏的效果。

第六，從國際經驗看，互聯互通推動的共同市場建設要成功運行需要許多條件。最重要的條件是這兩個連接的市場的投資者對對方的市場規則、上市公司等都有一定程度的瞭解。交易所的互聯互通也有許多中止的案例。投資者在對對方的上市企業進行投資時，對上市企業往往不瞭解。如果對對方的上市公司不瞭解，投資者就不太敢輕易地投資。上海、深圳和香港的聯通有一個非常大的優勢，香港市場一半以上的上市公司都是內地企業，這些上市公司的利潤也大部分來自中國內地。統計數據顯示，上市企業中內地企業占 51%，內地上市企業的市值占 64%，內地上市企業日均交易量占 71%。目前在恒生指數裡，50 只成分股指數裡有 24 只來自內地公司，市值超過一半。很多平時我們熟悉的大企業在香港上市，在研究這些上市公司方面，應當說內地的投資者是有一定的優勢的。

互聯互通推動的共同市場的發展也直接帶動了中國內地的投行在香港市場的國際化，從具體的進程看可以分為三個階段。第一個階段是起步階段，從 1980 年到 2006 年，以太平證券在香港成立為代表，相應的市場表現是申銀萬國、國泰君安、中金於 20 世紀 90 年代分別在香港成立子公司。第二個階段是發展階段，從 2006 年到 2010 年，內地多家券商掀起了在香港成立子公司的浪潮。比如國泰君安於 2010 年 7 月在香港掛牌，成為第一家在香港上市的中資券商。第三個階段是從 2010 年到現在，海通完成對香港本土券商大福證券的收購，成為首個收購香港上市券商的內地券商。目前，海通通過收購和不斷地發展，已經成為香港的最大資本金實力的中資券商之一。

總之，滬港通、深港通的啓動打造的港深滬共同市場，也為中資金融機構的國際化提供了一個新的平臺。中資投行在這個共同市場上有熟悉的上市公司，對方也日益熟悉中國市場，如果能充分運用這個平臺，瞭解國際金融規則，那它就必然會為中資金融機構的國際化提供一個很好的條件。

互聯互通新時代：深港通不僅限於通

絲路智谷研究院院長兼首席經濟學家　梁海明

自中國國務院總理李克強在 2016 年 3 月的政府工作報告中表示將適時啓動深港通試點之後，各界對這一機制的關注迅速升溫，與推出後反應平淡、火花不多的滬港通形成鮮明對比。

對於兩地證券市場而言，滬港通的任務是「通」，而深港通的最高使命是「融」，讓兩地金融市場真正融合起來。再進一步的要求則是它要「新」，應當考慮在深港通的基礎上，創新推出粵港通，以及創建全新的深港交易平臺。

深港通的使命是融

深港通的回響比滬港通大，主要有三個原因：

一是，與上海和香港相隔較遠不同，深港兩地人員來往頻繁，而且兩地擁有實體經濟合作的深厚基礎，兩地投資者對彼此市場的認識都比較深入，不少投資者都有兩地投資的經驗。深港通可望吸引更多

的投資者，尤其是更為成熟的投資者，並通過股市上的融通，帶動兩地企業在資金、業務上的合作。

二是，經歷了滬港通之後，兩地投資者可更快地掌握深港通的規則和操作，讓新機制運作得更有效率。深港通擁有巨大的後發優勢，參與其中的各方並不需要如滬港通一般經歷一段時期的摸索，兩個市場上的投資者也已經在過往滬港通兩年來的操作中累積了不少投資經驗。

三是，深圳股市以中小盤股和成長股為主，預計會吸引更多高風險偏好和喜歡發掘潛力股的投資者。雖然上海交易所規模較大，深圳交易所規模稍小，但深市民營企業與中小企業較多，例如有不少創新、科技、酒類、消費與醫療保健類企業，有活力的企業比上海更多。如果投資人想找中小型或是成長中的大型股，深圳有更多機遇，從深圳股市挖到寶，會比在上海股市有更好的回報。甚至可以認為，要尋找中國的下一個投資亮點的話，非深圳莫屬。

雖然不少人對深港通期待很高，但筆者卻持審慎樂觀的態度，準確地說應該是短期審慎，長期樂觀。

之所以短期審慎，是由於滬港通開通早期，外界同樣懷有很大的憧憬，各大媒體紛紛長篇大論唱好，但自開通以來，在市場氣氛、宏觀經濟數據及各種技術限制因素的影響下，境內外許多主要機構投資者仍靜而觀之，市場反應並不像此前設想的那樣熱烈。如果深港通初期的市況、宏觀經濟不配合，投資氣氛稍遜，這一機制在初期很有可能重現上述局面。

不過長期的樂觀則在於，在滬港通基礎上，深港通若能在製度設計思路上更加開放，尤其是在融、新兩個字上下功夫，即使初期遇

冷，但長期仍然看好。

深港市場之間，不能跟滬港一樣局限於「通」，「通」是滬港通已經達成的任務，「融」才是深港通的真正使命。

首先，深港通未來應當考慮降低或取消投資者的資產門檻。目前滬港通與深港通仍然有 50 萬元的資產門檻，顯然限制了互聯互通機制的活躍性。未來深港通如果能降低門檻，例如降到 20 萬元或以下，甚至是取消，將令兩地投資者互相融合，不分彼此，大大增加它的吸引力，吸引更多投資者參與其中。

其次，深港通的可投資範圍應當進一步擴大，放鬆投資限制。在滬港通機制下，滬港兩地標的股共有 500 多只，基本為藍籌股或行業領頭企業股票。深港通則引入了市值篩選，按照 60 億元人民幣以上的深證成分指數和中小創新指數成分股加上 A+H 中深圳上市 A 股的標準，將有超過 400 只中小板和超過 200 只創業板股票被納入投資範圍，總市值占到深圳 A 股總市值 70% 以上。在香港方面可投資的股票涵蓋面則更大，標的股的範圍已經接近港交所上市股票總市值的 90%。

換言之，從投資範圍來說，深港市場事實上已經相當接近徹底的互聯互通，未來如果機制運作正常，可以考慮讓深港兩市的藍籌股、中小盤股和中小企業板、創業板全面聯通。這不但有助於吸引更多投資者，也有望促使深港兩市市值上漲，更可壯大兩市主板，提振深市中小企業板以及兩市的創業板。

深港通創新動作

此外，深港兩市要有創新的意識，要有敢闖的新動作。廣東自貿

區已經掛牌成立，深港兩地可利用這一政策，考慮在深港通發展成熟的基礎上，創新推出粵港通。

作為直轄市，上海的經濟實力、獲得的資源支持均比深圳乃至廣東要強和早。深圳要取得突破，可以研究在廣東自貿區背景下，通過先行先試的深圳前海片區與廣州南沙片區、珠海橫琴片區，在金融領域整合分工，聯合廣東省會廣州、經濟特區珠海，在深港通的基礎上探索打造粵港通。

目前粵港兩地服務貿易自由化基本實現，但市場互聯互通仍局限在股市。粵港通可考慮進一步在債市、期貨甚至銀行間市場等更多金融領域複製互聯互通。此舉可吸引更多投資者，加強深穗珠乃至廣東全省與香港的金融融合，對珠海、香港及廣東全省的經濟發展大有裨益。

尤其是關係密切的深港之間，也應考慮合作創立多種類的深港交易平臺。港交所近期公布計劃要在 2017 年內，在前海地區複製一個 LME（倫敦金屬交易所），而港交所和深圳市政府正在考慮該平臺的股權合作，這當然可以看作深港交易平臺的一個起步。儘管一開始這個平臺僅有基本的金屬交易，隨後再擴展到有色金屬交易，而且暫時不允許海外投資者交易，但這一平臺的發展目標是最終與境外市場聯結，將股市上的互聯互通完整複製到期貨市場。

目前全球科技創業成風，但無論是內地還是香港的股市，受限於製度、技術等因素，只能眼睜睜地看著眾多中國內地企業前往美國、新加坡上市，導致牆內開花牆外香。同時，日本、新加坡和臺灣的交易所，也正在計劃啟動類似滬港通、深港通的互聯互通機制，以抗衡中國滬深港三市聯合帶來的衝擊，以此爭奪更多的市場份額。

創新互聯互通平臺

對此，已經在股市、期貨方面有共通合作基礎，又有互補特色的深港兩地，應以創新的精神和創業的態度來拓展合作，考慮在深圳前海地區共創新的港深交易平臺。

該交易所可如前海 LME 一樣，由港深兩地合資，並且共同經營和管理，在交易平所的規則、製度和技術等設置上進行創新，在考慮內地和香港市場現實的前提下，結合採用美國的交易所或歐洲、澳大利亞等地交易所的規則，以人民幣取代美元、港元，作為交易和結算貨幣。在上市的要求上，既要接地氣，無須過於高大上，又要有所創新，在顧及兩地市場現實情況的同時，汲取歐美交易所的精華，創造一個嶄新的交易平臺，以此吸納準備前往美國上市的企業，以及迎接已在美國上市卻有意迴歸的企業。

此外，全新、開放的交易平臺以中國為紐帶，可深化各國商界的關係和經濟的聯繫，也將有助於增加「一帶一路」沿線國家對中國的認同。隨著全球各國金融系統趨於互聯互通，金融語言已逐漸成為國際共同的語言，各國民眾對企業上市、股價、股市的波動等共同的體驗，已產生了具有廣泛認同性的「通感」。在這種「通感」面前，不同的語言、風俗、民族和國籍都不再是界限。在中國未來與「一帶一路」沿線國家金融領域的合作中，港深交易平臺可以給沿線國家的企業，以及前往沿線國家投資的中國內地企業、香港企業多一個可供上市的交易所，並以金融語言的方式「潤物細無聲」般地增加與沿線國家的溝通。

全新的交易平臺可摸索出比滬港通、深港通更多的有益經驗，推動中國在金融、會計和法律等眾多高端服務業乃至相關製度上與國際市場全面對接。兩地未來若能共建這樣的新型交易平臺，應該是港交所、深圳前海地區所樂見、希望促成之事，而且對香港、深圳、中國乃至全球金融市場都有深遠的意義。

此一交易平臺對全球金融市場有深遠意義的原因，是在環球金融市場接連遭受襲擊、動盪難安之際，新型交易平臺有助於發揮環球金融市場避風港之效，人民幣也將有可能發展成為國際貨幣。

國際金融新避風港

在新型交易平臺或可作為國際金融市場的避風港問題上，筆者此前曾在多個公開場合指出，在2008年爆發環球金融危機之後，美國經濟、金融市場立陷困境，為挽狂瀾於既倒，美國推出了量化寬鬆政策（QE）。該政策其後引發多國央行跟隨，令全球各地金融系統各方面都高度同質化，這種同質化實際上擴大了風險的關聯性，從而增大了整體脆弱性。如果多數金融機構共同的風險假設被證明是錯誤的話，整個金融系統都會受到感染，在未來三四年或會引發新一輪的環球金融危機。

除了上述因素有可能引發下輪環球金融危機之外，筆者相信至少還有以下幾個因素或將引爆環球金融危機。

其一，歐洲多家銀行接連陷入財困，易引爆金融危機。雖然環球銀行體系看起來較上幾次金融危機時更為健全，但實質未然。在2016年10月，除了德國最大市值的上市銀行德意志銀行深陷巨額虧損、

股價下跌、市值縮水等的危機之外，身為歐洲第三大經濟體的義大利，該國金融業的不良貸款比率高達 18.1%，不但遠超 5.7% 的全歐元區平均值，且該國這一比率更是美國的 10 倍。即使在 2008 年爆發環球危機之時，美國銀行業的不良貸款比例也僅為 5%。

屋漏偏逢連夜雨，除了義大利銀行的 3,600 億歐元不良貸款中，2,100 億歐元確定為壞帳之外，近年歐洲央行的負利率政策，對義大利銀行業的獲利能力已是一次重擊，更加深其困境。而英國脫歐普遍加重了歐洲銀行的壓力，歐洲央行將維持更久的低利率，以此希望力阻英國脫歐對歐元區的衝擊。這很可能引爆義大利銀行全面危機，進而容易引發歐洲乃至環球金融危機。

其二，全球債務過度膨脹，存在爆發危機的風險。國際貨幣基金組織的數字顯示，全球債務水平已亮起了紅燈，截至 2015 年年底，全球債務高達 152 萬億美元，占全球國內生產總值（GDP）總規模的 225%，當中 1/3 是公共債務，占全球 GDP 總規模的 85%。加上目前在各國央行只有更寬鬆，沒有最寬鬆的貨幣政策下，環球金融市場充斥著大量廉價資金，觸發全球企業大舉借「便宜錢」。有國際評級機構估計，全球企業債務規模有可能由當前的逾 50 萬億美元增至數年後的 75 萬億美元。

在這種全球槓桿化、泡沫化之下，一旦未來幾年利率回升上漲、經濟持續萎靡不振，將極大增加企業的償債壓力。若屆時企業償債能力出現問題，且銀行收緊信貸，將引發企業破產潮，銀行亦將遭受重擊，隨之引爆環球新一輪金融危機。

其三，大宗商品價格持續低迷，增大了爆發主權債務危機的風險。大宗商品價格暴跌加劇了大宗商品生產國的財政困難，如原油價

格近期雖有回升，但仍是從最高點下跌了70%至80%。不少原油出口國出口收入大幅下滑，但財政支出卻難削減，導致財政赤字愈來愈高。若包括原油價格在內的大宗商品價格持續低迷，容易引爆這些國家的主權債務危機，進而引發金融危機。

而且，大宗商品價格長期低迷，擴大了大宗商品出口國的經常帳戶逆差，若經常帳戶逆差持續擴大，將會給這些國家的貨幣帶來貶值壓力。部分大宗商品出口國的貨幣這兩年來已貶值超過30%，部分貶值接近60%。1997年的亞洲金融危機，正是由亞洲貨幣貶值開始而逐漸演變成金融危機的，現今如多國貨幣匯率持續貶值，也將容易引發一場世界範圍內的金融危機。

如果未來兩三年內爆發環球金融危機，筆者認為，屆時港深交易平臺將不是一個選擇，而是一個必需。這是因為中國強大及雄厚的經濟實力，以及「一帶一路」倡議的推進，有助於擴大全球總需求及促進世界經濟的發展，此無疑有助於既與國際金融市場有關聯，但又較為獨立且有中國堅強後盾作依靠的港深交易平臺的發展，並將會令愈來愈多的企業選擇到港深交易所停泊和發展。

助推人民幣成避險貨幣

使用人民幣作為交易和結算貨幣的港深交易平臺，也有助於推動人民幣發展成為國際避險貨幣。

2008年爆發環球金融危機之後，國際市場對美元價值及由美元主導的國際金融質疑聲不絕，美國政府有關「美元是我們的貨幣，卻是你們的麻煩」的做法，令國際市場上有不少聲音希望改變美元擁有

「囂張特權」這一國際貨幣秩序。而且，各國也希望避免因採用美元作為主要結算貨幣，而必須承擔匯率波動風險、信用風險、貶值風險和要承受因美國轉嫁金融危機而殃及本國經濟金融體系等的風險。

但是，由於歐元、英鎊及日元所在區域、國家經濟增長乏力，匯率也顯著波動，可供國際社會選擇的國際貨幣並不多，已經正式被納入國際貨幣基金組織 SDR 籃子內的人民幣，將成為一個新選擇。

由於港深交易平臺使用人民幣作為交易和結算貨幣，各國企業通過交易平臺籌得人民幣，不但有助於推動人民幣的國際化，也可通過擴大、提高人民幣在國際貨幣體系中的流通和地位，既增加安全的國際儲備資產的供應和選擇範圍，降低對美元這一國際主要儲備貨幣的依賴性，又減少了美元匯率波動對國際市場造成的衝擊。

因此，一旦爆發環球金融危機，有可能更加吸引各國將人民幣作為避險貨幣，從而增持人民幣，甚至還會增大國際大宗商品以人民幣作為標價和結算貨幣的可能性。這無疑將提升人民幣的匯率，扭轉人民幣匯率波動加劇的態勢。

總而言之，深港通肩負的責任更大，不會固守滬港通模式，未來從「通」致「融」和「新」才是它真正的生命力，以及成敗的關鍵。以中國內地、香港兩大市場為基礎，全新、開放的交易平臺將成為中國金融市場對外開放以及「一帶一路」倡議的重要紐帶，深化世界各國在經濟、金融領域的聯繫，以及推動人民幣進一步國際化。

當然，必須承認的是創建港深交易所說易行難，不但需要港交所與深圳前海地區的共同努力，也需要香港與深圳、廣東，乃至人民銀行、兩地證監會等部門的通力協助，更需要得到各界的認可，達成共識，才可成事。

深港通意義何在？

中國社會科學院世界經濟與政治研究所國際投資研究室主任
財政部國際經濟關係司高級顧問
　　　　　　　　　　　　　　　　　　　　　　　　張明

「深港通」已獲批，證監會同時還取消了深港通和滬港通的總額度，標誌著進一步減少對資本流動的限制。

將滬、深、港三個市場打通對中國金融市場開放的意義重大，海外資金將可以真正對中國標的進行配置型投資，也在客觀上推動了人民幣國際化的進程。深港通的實施可能在未來一段時期內給投資者情緒帶來積極影響，提振市場信心，但對此類短期效應沒有必要高估。

長期來看，經濟基本面仍然是支撐市場表現的關鍵，順利有序地完成三地市場的互聯互通，建立長期可持續的機制保障，而避免對接中出現摩擦才是當務之急。

2016年8月16日，市場期盼已久的「深港通」獲得國務院批准，並於第四季度正式通車，證監會同時還取消了深港通和滬港通的總額度，相當於進一步減少了對資本流動的限制。與2014年11月啟動的「滬港通」一樣，「深港通」的獲批與兩地總額限制的取消將是

中國資本市場對外開放道路上的里程碑。

深港通的意義：以開放的新姿態構建完備大市場

與滬港通相仿，深港通的主要目的是為內地與香港（海外）投資者搭建橋樑，使得其可以通過證券公司來購買兩地交易所上市的股票。滬港通、深港通的落地和總額限制的取消，不僅意味著中國以更成熟和更自信的姿態在逐步向海外投資者開放資本市場，也標誌著滬、深、港三個各具特色的交易所將形成更有效的互通互補。

首先，建立統一大市場，優化資源配置。深港通的完成標誌著國際投資者能真正投資於代表整個中國經濟的股權標的。談及「滬港通」和「深港通」的效果，最受外界關注的莫過於對資金流向和規模的限制。根據最新政策，深港通啓動後將與滬港通一起，不再設置南北雙向的資金流動總額度限制，只保留每日淨流入額度，即北向130億元，南向105億元。總額度的取消意味著中國A股市場事實上已經基本實現對國外投資者開放，這也進一步增大了A股近期被納入MSCI的可能性。從市場規模上看，開放後互聯的大市場市值超過了納斯達克，僅次於紐交所。從資源配置上看，對於額度限制的極大放鬆有助於增加國內上市公司可比標的，從而使得A股真正融入全球的估值定價體系，彌合單純由監管和套利互動所形成的不合理溢價。

其次，形成有效互補機制，推進人民幣國際化。滬、深、港三個市場的結構和投資群體都具有極大的差異性，而彼此之間的互聯互通可以形成有效互補。從盈利水平來看，三個市場的大多數股票都與中國經濟的脈動關係密切；從行業來看，上交所和港交所標的是以金

融、能源為主的傳統大盤股，而深市則主要包括信息、醫療等新興產業，其估值水平也遠高於滬市與港市；從投資者結構來看，港股投資者多為海外投資者，且機構投資者比重約為80%，而A股以內地散戶居多，個人投資者比重超過80%，這也導致深市和滬市的換手率高居全球前兩位。長期而言，將各具特色的三個市場打通對中國金融市場開放的意義重大，海外資金將可以真正對中國標的進行配置型投資，也在客觀上推動了人民幣國際化進程。

深港通的效益：風物長宜放眼量

深港通的實施可能在未來一段時期內給投資者情緒帶來積極影響，提振市場信心，但對此類短期效應沒有必要高估，而應風物長宜放眼量。

第一，短期的炒作情緒已經有所透支，重在避免市場機制在互通互聯中產生摩擦。在國務院批准深港通之前的兩個交易日，滬深300指數累計上漲5%，創下五個多月以來的最大漲幅。儘管滬港通在開通之後數月內都伴隨著大幅上漲行情，但指數的提升主要源於當時的國家牛市氛圍，而投資者的熱情的逐漸降溫也導致每日交易額度常有富餘。考慮到目前A股仍處於箱體震盪的行情中，深港通的開啟可能帶來短期的提振，但不需要寄望由此造就牛市。長期來看，經濟基本面仍然是支撐市場表現的關鍵，順利有序地完成三地市場的互聯互通，建立長期可持續的機制保障，而避免對接中出現摩擦才是當務之急。

第二，南北不對稱流動的現象仍可能發生，人民幣匯率貶值風險

需要考慮。從滬港通的實施情況來看，過去近兩年時間裡，南下資金的熱度明顯高於北上資金。截至 2016 年 8 月，滬股通可用餘額仍超過一半，而港股通額度則僅剩約兩成。這一方面與股災之後 A 股市場表現不佳有關，另一方面也與人民幣計價資產的回報率下降和港股的低估值吸引力聯繫密切。從北上資金的流向來看，市值高、估值低的個股更受追捧，考慮到深市大多為市值低、估值高的新興產業股票，其吸引投資的熱度也有待觀察。另外，從滬港通的經驗來看，人民幣匯率貶值和南向資金流動有一定的相關性，且在 2015 年年底美聯儲第一次加息後尤為明顯。在深港通實施並增加額度後，人民幣貶值預期的重燃或將加速資金的南向流動，這也可能造成進一步的貶值壓力。

第三，深港通將帶來新的投資機會，並有助於推進資本市場製度建設。儘管深港通不一定會給正處於調整期的 A 股市場帶來持續性的利好，但其開通無疑將帶來長期的投資機會。首先，深圳是中國經濟最具活力的區域之一，眾多成長性的企業對國際投資者自然有獨特的吸引力。不同於與香港市場行業分布有一定相似之處的滬市，深港兩地的開放融合將孕育新的投資機會，帶給海外投資者直接投資於中國新經濟的機會。其次，深圳可以借助深港通實施的契機，進一步完善市場製度。香港市場擁有完善的交易製度和豐富的市場工具，且投資者大多來自海外，為專業的投資機構。隨著深港通的開啓，深圳可以近距離借鑑香港的各項製度，進一步完善配套政策。

（本文作者還包括：鄭聯盛、王宇哲、楊曉晨、周濟）

從滬港通到深港通，
中國資本市場雙向開放再提速

中銀國際董事總經理

首席經濟學家　　　　　　程漫江

2014 年 4 月，中國證監會與香港證監會聯合發布公告，宣布開展滬港股票市場交易互聯互通機制試點（以下簡稱「滬港通」）。2014 年 11 月滬港通正式啟動，從機制上建立了兩地資本市場的聯通渠道，自此內地資本市場將融入國際資本市場的汪洋大海，堪稱中國資本市場雙向開放里程碑式事件。時至今日，滬港通開通已接近兩年，整體運行平穩，為接下來包括深港通在內的一系列資本市場開放和人民幣國際化進程打下了堅實基礎。

1. 滬港通平穩運行為深港通打下了堅實基礎

中國經過 30 多年的改革開放，已成為全球製造中心和商品貿易大國，企業國際化進程向縱深發展，「走出去」規模不斷擴大，居民

資產配置需求持續上升，資本市場開放是中國改革開放進程的自然組成部分，也是中國邁向大國開放經濟的必然階段。QFII、RQFII 和 QDII 的製度安排雖然為境內外投資者參與跨境證券投資打開了窗口，但是受額度限制和機構投資者身分的制約，其難以滿足境內外居民日益增長的跨境多元化資產配置需求。截至 2014 年上半年，滬港通正式開通前夕，中國外匯儲備接近 4 萬億美元，香港離岸人民幣存款（包括存款證）超過 1 萬億人民幣，人民幣貨幣互換規模高達 2.6 萬億人民幣。隨著居民收入水平的日漸提高和人民幣跨境交易的不斷使用，豐富本外幣投資產品、拓寬人民幣跨境投資和回流機制的需求也逐漸高漲。

「好風憑藉力，送我上青雲」，滬港通在核心上實現了跨境證券投資的互聯互通。滬港通的創新之處在於它能在不改變現有法律和投資者習慣的前提下，通過合作模式的創新設計允許兩個不同市場的投資者直接跨境參與對方市場的交易，這在國際上還沒有先例。在製度設定上，滬港通要求投資者賣出資金必須回到其原始帳戶，不能留在對方交易市場上，建立了資本的回流機制。同時，滬港通在香港人民幣離岸市場完成換匯活動，滬港通限制總額度和每日額度的設定降低了大規模資本跨境流動對市場造成的波動風險。滬港通初期，滬股通和港股通的總額度分別為 3,000 億元和等值的 2,500 億人民幣，每日額度分別為 130 億元和 105 億元。按照跨境淨額度結算原則，全年 500 億人民幣和每日 25 億人民幣的淨額度相對當時香港上萬億的人民幣存款來說，能夠造成擾動的因素有限。

滬港通主要通過放大交易情緒，反應資本流動的預期來影響資本市場表現。在使用中，由於滬港通的成交金額較小，對股票市場尤其

是內地股票市場造成的影響相對有限。滬港通的影響渠道主要在於通過反應甚至放大交易市場的情緒來影響預期，跨境資本的實際流動方向既受當地情緒的影響，又可以反過來向當地投資者傳遞跨境資本的預期。在個股選擇上，滬港通還起到了「取長補短」的作用，可以通過補充對方稀缺標的來向投資者提供更多的投資選擇。

滬港通在實際操作中對兩地資本市場的影響能力不同。港股通對香港資本市場的影響範圍較大。第一，港股通的股票範圍是聯交所恒生綜合大型股指數、恒生綜合中型股指數成分股和同時在聯交所、上交所上市的A+H股公司股票，公告發布時就已涉及股票264只，約占聯交所上市股票市值和交易量的80%。第二，香港交易所的成交金額相對較小，2015年日均成交金額在800億人民幣左右，在極端情況下，最多105億人民幣的港股通每日淨額度可能會對港股造成較大影響。實際上，自2014年11月滬港通開通以來，港股通標的股票交易顯著提升。2016年前9個月，港股通成交額占港股成交額的月均比例已經接近5%，其中9月當月的比例更是超過10%，高於開通初期2%~3%的交易占比。第三，2016年以來，作為港股通標的的恒生大中型股票指數表現也明顯好於不在標的範圍的小型股表現。截至10月25日，恒生綜合指數2016年已經上漲5.7%，恒生大型股指和中型股指分別上漲7.1%和2.1%，而恒生小型股指則下跌3.1%。而從2000年到2013年的歷史經驗來看，恒生綜合指數上漲階段，小型股因為較高的風險溢價一般表現要好於大中型股票。

滬股通對內地資本市場的影響有限。相對香港交易市場，上海交易所股票數量更多，成交金額更大，滬股通在實際操作上能夠對內地股票造成的影響有限。試點初期滬股通的股票範圍包括上證180指數

及上證380指數成分股以及上交所上市的A+H股公司股票，符合標的股票約占上交所股票交易數量的一半。2015年上海交易所的日均成交金額在5,000億元左右，最高時可達到日均8,000億～9,000億元的成交量，即便是極限情況下，滬股通能夠造成的影響也相對有限。

滬港通一方面可以通過「放大」交易情緒，體現未來預期，另一方面通過「取長補短」補充稀缺資源，豐富投資標的。滬港通使用額度較多的時候往往對應著兩地交易所表現較好的時期，反之亦然。而滬港通資金的淨買賣也可以作為跨境資本流動的指標，反應市場預期。比較明顯的例子是2016年下半年以來，受港股估值水平較內地A股具有吸引力，內地資金提前南下佈局深港通的影響，港股通資金淨流入規模擴大。2016年5月到9月，港股通的月均淨流入超過250億人民幣，遠高於2016年第一季度不足100億人民幣的月均流入規模。個股選擇上，滬港通可以根據兩地投資者結構和偏好不同，補充個股交易標的，滿足投資者更豐富的配置需求。滬股通交易主要以海外機構投資者為主，偏好估值低、股息率高的大市值藍籌股，如中國平安、中信證券、民生銀行、興業銀行、招商銀行等。同時，海外投資者也會優先考慮在香港無法投資的A股特有上市公司，如高端白酒貴州茅臺、中國最大的乳品企業伊利股份、中國最大的汽車製造公司上汽集團以及中國規模最大的新能源客車生產商宇通汽車等。港股通的交易主要集中在H股折價幅度較大的公司，港股特有的品牌認知度高的上市公司以及低估值、高股息的內地銀行股。

滬港通的順利實施為深港通的推進打下了基礎。時至今日，滬港通開通已經滿兩年，整體運行穩定、安全，為深港通的實施打下基

礎。自開通以來，滬港通交易的日益頻繁，滬港通使用額度也不斷擴大。2015年年底，滬港通與港股通分別使用1,197億人民幣和1,083億人民幣，分別占各自總額度的39.9%和43.3%。截至2016年8月16日滬港通總額度取消前，滬股通和港股通的總額度使用已經分別上升至1,550億元和2,054億元，分別占各自總額度的51.7%和82.2%。滬港通的順利實施提供了一把內地股市打開境外成熟股票市場之門的安全鑰匙，為未來內地和全球股票市場的深度合作提供了更多的路徑參考。

2. 深港通更進一步，三大交易所市場再融合

2016年8月16日，中國政府宣布已批准《深港通實施方案》，兩地證券監管機構隨後發布《聯合公告》，對「深港通」的啓動和「滬港通」的推進做了進一步說明，預計4個月後即最快2016年年底正式實施「深港通」。深港通開通後，內地與香港之間的股票市場交易互聯互通機制將包括滬港通下的滬股通、港股通與深港通下的深股通、港股通共四個部分。深港通的主要製度安排參照滬港通，遵循兩地市場現行的交易結算法律法規和運行模式。

與滬港通相比，深港通最大的特點在於擴大了總體的可交易規模，並將兩地市場的投資標的進一步擴大到了新興行業集中的中小股票上來。深港通開通後，不再設總額度限制，深港通每日額度與滬港通現行標準一致，即深股通每日額度為130億元，深港通下的港股通每日額度為105億元。同時，滬港通總額度取消，於此公告之日起即時生效。深股通的股票範圍是市值60億元及以上的深證成分指數和

深證中小創新指數的成分股，以及深圳證券交易所上市的A+H股公司股票。與滬股通標的偏重大型藍籌股相比，深股通標的充分展現了深圳證券交易所新興行業集中、成長特徵鮮明的市場特色。深港通下的港股通的股票範圍則在滬港通的基礎上新增了市值50億港幣及以上的恒生綜合小型股指數的成分股。經初步測算，深港通開通後，兩地互聯互通機制將覆蓋A股市值的80%左右，覆蓋港股市值的87%左右，為實現中國內地股市與香港股市的全面對接和整體融合邁出了關鍵的一大步。

由於深市A股的估值較港股高很多，深港通的實行將進一步推動內地資金南下，為香港股市帶來新一批內地投資者，令港股市場更加多元化。目前，深港兩地市場估值差異較大。相對深圳A股市場而言，香港小型股普遍具有低市盈率、高股息收益率等優勢。從細分行業角度分析，香港小型股幾乎在各個行業均具有一定估值優勢，尤其是在石油天然氣、金融、電訊服務、公共事業、原材料及信息科技等行業。因此，深港通將擴大南下資金規模，增加香港市場整體流動性，尤其是活躍香港中小股票市場交易，提升市場估值水平，擴大對中小企業和創新型企業的吸引力，在短期內對首次公開募股（IPO）市場具有積極提振作用。

深港通將與滬港通產生顯著的協同效應，對兩地股票市場情緒、投資者結構和交易行為產生一定影響。「深港通」和「滬港通」借助香港這一國際資本的自由港作為中轉站，向境外投資人提供了更為豐富的人民幣投資產品，有利於吸引境外機構投資者，改善內地股票市場以散戶為主的投資結構，而香港上市企業的較低的估值水平和中國家庭日益增長的境外資產配置需求相結合，有助於擴大香港資本市場

的參與主體，改善當前香港資本市場的以海外投資者為主體的結構，穩定資金來源，提高市場流動性，增強對國際資本衝擊的抵抗能力。

滬港通在核心上實現了互聯互通的突破，而深港通則將實現上海、深圳和香港三大交易所的真正互聯互通，形成一體。這對於中國資本市場的發展壯大和對外開放都將是一個全新的里程碑。深港通是在滬港通之後推出的兩地資本市場進一步互聯互通機制，是滬港通的升級版。深港通有利於盤活深交所和港交所的存量，活躍交易，擴大兩地投資者的投資渠道，提升市場競爭力，為中國資本市場躋身全球前列奠定基礎。如果未來三地交易所進一步融合，有望打造一個位居全球最前列的證券市場。

3. 從滬港通到深港通，穩步推進中國資本市場的雙向開放

「十三五」規劃要求「有序實現人民幣資本項目可兌換，提高可兌換、可自由使用程度，穩步推進人民幣國際化，推進人民幣資本走出去」。人民銀行在 2015 年 6 月發布的人民幣國際化報告中提出，將進一步推動人民幣資本項目可兌換，包括完善「滬港通」和推出「深港通」，允許非居民在境內發行除衍生品外的金融產品。李克強總理在近期國務院常務會議上表示：「資本市場在內的金融業對外開放，是中國整體開放的重要組成部分，對提升中國金融業的國際競爭力和服務實體經濟的能力發揮了重要作用。」

滬港通和深港通是中國資本市場雙向開放的重要一環。從長期來看，滬港通和深港通等一系列兩地互聯互通的改革並非一個孤立的政策。2014 年啟動的滬港通實際上就是資本項下開放的一個試驗區。

滬港通之後，中國繼續循序漸進地促進資本市場的雙向開放，出抬了一系列推動資本帳戶改革的措施，包括向境外央行類機構投資人開放銀行間債券市場和外匯市場，內地和香港基金互認，實施全口徑的跨境資本宏觀審慎管理和人民幣匯率中間價改革等。深港通啓動的時機，適逢中國舉辦G20杭州峰會和10月人民幣正式納入SDR貨幣籃子前夕，也是意在兌現承諾，向國際社會釋放中國將持續推進結構化改革、資本項目開放和人民幣國際化的決心，對於改善國際投資者對中國進一步改革開放的預期具有積極意義。

從滬港通到深港通，中國資本市場雙向開放任重而道遠。儘管滬港通和深港通過製度安排提供了資本項下的跨境資金流動渠道，實現了內地和香港資本市場的互聯互通。但不可否認，滬港通和深港通這種「閉環」設計本身其實是針對中國資本帳戶尚未完全開放背景下的一種製度創新。儘管取消了總額度限制，滬港通和深港通依然設定了每日額度限制，在實施初期雖然保證了交易運行的整體穩定，但也在客觀上限制了跨境資本的流動規模。對於中國香港以外的資本市場，中國內地還尚未建立聯通機制。中國資本市場對內還需要繼續完善交易和監管製度，加快人才培養，豐富金融產品設計，縮小和國際資本市場的差距，對外則需要繼續加強與國際資本市場的溝通聯繫，便利人民幣在跨境投融資活動中的使用，提高對跨境資本的長期吸引力。整體來看，中國資本市場雙向開放的任務任重而道遠。

滬港通和深港通都是人民幣國際化戰略佈局的重要步驟。兩地互聯互通促進了資金雙向流動，使得人民幣能夠以投融資的形式通過資本市場回流到境內，從而建立離岸人民幣和境內人民幣兩個資金池的雙向流動機制。同時，兩地互聯互通拓展了境外人民幣投融資、交易

的渠道，並且隨著離岸人民幣市場的縱深發展和交易產品更加豐富，人民幣的投融資交易功能將會進一步強化。兩地互聯互通為資金在香港和內地雙向流動搭建了新的橋樑，既增加了境外人民幣的投資渠道，又提高了香港離岸人民幣的流動性，更深遠的意義還在於它將促進內地資本市場的完善，為人民幣作為國際貨幣的長期競爭力提供支持。

滬港通和深港通的推進有利於鞏固和提升香港作為離岸人民幣金融中心的地位。香港作為重要的國際金融中心，是全球離岸人民幣業務的樞紐，而在內地對外開放中，跨境貿易和投資規模擴大帶來的人民幣需求業務不僅是人民幣國際化推進的天然動力，更是香港作為亞洲金融中心的競爭優勢所在。滬港通實施後，內地股票成為香港新的人民幣產品。深港通的推出，將與滬港通產生顯著的協同效應，海外投資者可選擇的投資標的將更加全面，更加豐富，大幅提升內地股票對海外資金的吸引力，進一步支持香港發展成為離岸人民幣業務中心，深化了內地與香港金融合作，鞏固了香港作為內地資本市場和國際金融市場「超級聯繫人」的地位，提升了香港作為國際金融中心的地位。

二、深港通政策面面觀及市場影響

從深港通看中國資本市場開放

交銀國際董事總經理
研究部主管　　　　　　洪　灝

　　股票市場開放是中國邁向資本市場開放和人民幣國際化的一大步。在 20 世紀 80 年代，韓國曾經實施了嚴格的資本管制。韓國市場規模小、流動性差而且被若干大戶所操控，1984 年 11 月 11 日，韓國財政部准許財務狀況健康的企業於國際市場發行可轉換債券和預托證券（ADR），此舉被視為至今為止韓國市場開放最重要的一步。這項政策，加上 1984 年於紐約證交所上市的韓國基金，為韓國引入了外國資本。消息公布後僅數日，韓國證交所交易額和股指雙雙暴漲。到 1986 年年初，在「三低」（低韓元匯率、低國際利率和低油價）的共同作用下，韓國綜合股價指數（KOSPI）在四個月內翻番。韓國的股票市場終於走出谷底，直至 20 世紀 80 年代後期再陷入長達十年的牛皮市。

　　在最近中國資本市場的發展中，這些因素，如低利率、低油價等都似曾相識。無論是滬港通、B 股轉 H 股、放寬 RQFII 和 QFII 額度

管理、可轉換債券發行，抑或向境外機構投資者開放銀行間債券市場，似乎都在借鑑其他國家之前資本市場改革的成功的要素。此外，亦可見中國開放資本市場是採取循序漸進的審慎態度。

滬港通於2014年11月17日正式開通，到2016年，回望過去兩年，滬港通的表現離市場預期的火爆程度相距甚遠。若以最初制定的南北向額度衡量，至今北向額度只用了近一半，而南向額度則是深港通預期作用以及放開內險資金之後，才於近期突破了2,500億元。在估值方面，也未能如預期般為A股引進價值投資並收窄A/H股之間的估值溢價。滬港通開通後的一年中，小盤股和創業板繼續跑贏大盤藍籌股，而兩地市場之間的估值差距反而更大，這些實際情況令市場大跌眼鏡。

然而在過去兩年，滬港通平穩運行，並未給市場帶來動盪，資金借道大量外流導致人民幣匯率不穩定的擔憂也並未發生。作為內地與香港兩地股市互聯互通的試點，這樣的成績或許已經足夠。

在滬港通獲得階段性的成功之後，2016年8月16日，作為滬港通升級版的深港通正式獲批。深股通的股票範圍包括市值60億元及以上的深證成分股、深證中小創新指數成分股及深圳證券交易所上市的A+H股；深港通下的港股通將會擴充市值50億港元及以上的恒生綜合小型股指數的成分股。從股票範圍上看，深港通在中小盤股和創業板股方面對滬港通進行了補充。此外，ETF也將成為新的交易品種。深港通不再設有總額度，同時滬港通的總額度限制也將一併取消。之後，深港通開通前的各項準備工作開始緊鑼密鼓地進行。

港股市場從2016年年中開始逐步與A股產生分歧，尤其是8月之後，分化愈加明顯，市場共識認為港股近期的上漲行情得益於深港

通，並認為 A/H 股溢價有望在深港通推出後收窄。然而，深港通的股票池標的和已運行接近兩年了的滬港通有很大的交集，而且原有的（包括在港股通裡的）標的已占了香港市值和成交額的 80% 和 90% 以上。也就是說，如果市場希望買入這些在香港上市的標的物，早有充分的時間和空間，並不需要等到深港通宣布之後。

與此同時，通過南向互聯互通機制的股票成交額只占香港市場總成交額的 15% 左右。因此，儘管這些資金體量龐大，但也並不是市場的主導。這些資金對於市場大盤藍籌金融股、中資股的偏好反應得更多的是香港指數的構成。2016 年以來，QDII 額度的審批放緩也導致了部分本來應該通過 QDII 到港的資金不得不借道現在已經沒有額度限制的互聯互通機制。因此，此舉使南下資金存在著部分 QDII 資金通道的替代效應。

深港通總額度的取消是一個重要的格局的變化。這個新的機制可以幫助消化 A 股由於流動性泛濫和資本帳戶隔離，而導致的相對於港股和中概股長期而顯著的溢價。市場往往認為在互聯互通機制下，港股相對於 A 股的折讓將會被逐漸熨平。然而，這種邏輯沒有考慮到 A 股被明顯高估，而港股在國際資金的影響下，定價反而更真實的一種可能性。

舉個例子，比如說浙江世寶，一直是一隻頗受關注的股票——它的 A 股比港股估值貴四倍。然而，它的港股市盈率已經在 50 多倍，而 A 股更達到了 260 多倍。很難想像，在一個日漸有效、日益規範的市場裡，這個 2016 年和預計 2017 年每股收益將以單位數增長的、2012 年到 2014 年年年虧損的股票會從 50 多倍的市盈率被重估到 260 多倍。

市場共識還認為港股是一個估值窪地。的確，在過去幾年裡，港股的估值逐步下行，日益便宜。然而，香港指數成分裡，金融股的比重非常大，有可能是全世界金融板塊占比最大的主要指數。國際市場上的金融板塊由於全球收益率曲線的平坦化，經濟復甦乏力，以及其他原因，估值早已在很大程度上被壓縮了。而香港的國際資金在找估值比較標的時，用的往往是更便宜的國際標的。因此，香港指數估值的壓縮反應的是金融板塊畸高的比重和這個板塊的估值壓縮現象。同時，它也是香港經濟結構過分單一、嚴重失衡的一個縮影。

綜上所述，深港通是港股上升行情的催化劑，而非原因。港股最近兩年的兩個低點出現在 2015 年的 1 月，以及 2016 年 6 月底英國脫歐之際。這兩個低點恰恰是市場由於全球央行在危機時刻托底，對「無底線」貨幣寬鬆堅定了信念的時刻。這種信念更有可能是香港市場近期上漲的主要原因。市場對貨幣政策的預期已經演繹得淋漓盡致。

到了 2016 年第三季度，香港市場情緒指數已經飆升至歷史性的極端，顯示著許多利好已經反應在市場價格裡。隨後，香港恒指單天暴跌逾 800 點，是脫歐後最大的單天跌幅。我的量化情緒模型指數曾在 2015 年六月 A 股泡沫破滅前夕達到過類似的高度。貨幣政策的效用早已經邊際遞減了，瀕臨失效的邊緣。長期投資者應該暫停交易，等待更好的買點。

隨著深港通開通日臨近，港股市場已有動作。小盤股活躍度有所提升，並在 2016 年 9 月下旬小幅跑贏了大盤股。但互聯互通南下股票池交易額相對於香港市場總交易額的占比已見頂；市場對深港通計劃的期望持續升溫。共識普遍相信深港通概念股將會受惠，而其正面

的影響將擴散到整個市場。如是，與深港通有關的個股至少應該出現以下兩個交易情況：一是，由於市場對這些個股的熱情提升，其成交額的占比理應相應增加；二是，基於資金持續流入這些個股，其整體表現應跑贏大市。只有以上兩項情況成立，我們才可以確認深港通股票池標的將受惠於深港通計劃的開通，並帶動市場上漲。

在港股市場上，深港通與滬港通南下的股票池標的股票高度相似。滬港通南下股票池（港股通）包括了恒生大型、中型股指數裡的312個成分股。深港通南下股票池包括了恒生大型、中型股指數成分股，以及恒生小盤股指數裡市值大於50億的約100個成分股。

因此，在已有的滬港通機制裡，滬港通南下（港股通）股票池市值已經占香港市場除創業板外市值的80%以上，交易額占香港市場除創業板外成交量的83%。深港通擴容後，新增加的近100只股票僅能提高10%的市值占比，或5%的交易額占比。簡單地說，深港通機制並沒有顯著地擴大滬港通現有機制裡股票池對整體市場的包容度——因為在原有的滬港通機制裡的股票標的已然是市場的主體。

我們通過量化分析發現，深港通概念股的成交量占港股總成交量的比率維持窄幅波動。交易額占比較2016年5月初的低位有所回升，但也從93%的頂部回落。此外，在有關深港通計劃宣布後，儘管兩地股市在滬港通消息公布當日反應熱烈，恒生小盤股指數（HSSI Index）至2016年9月下旬也僅微幅跑贏恒生中大市值股票指數（HSML Index）。而換言之，深港通開通似乎沒有顯著改變香港市場現有的交易格局。因此，儘管深港通宣布後香港市場有所上漲，但是深港通的到來並不能完全解釋最近香港市場的漲幅，否則許多標的在兩年前滬港通出來的時候就可以買了。

海外資金流入未出現明顯異常，市場近期的利好預期已很大程度上被反應在市場價格裡。市場還普遍認為南下資金流入是市場前期反彈的主要推手，因為港股通渠道的額度使用量、日均交易額與整個市場的交易額占比都顯著上升。然而，在深港通計劃宣布後至 2016 年 9 月初的這輪反彈中，南下資金額度平均每日的使用在 30% 左右，僅占香港市場總成交量的約 15%。因此，香港市場仍然是被非參與互聯互通的資金所主導。當然，市場的走勢總是由邊際資金決定，而新增資金的選股取向也將影響著市場上其他資金的流向。

同時，資金流向的數據也描繪出一個相似的情形。我們統計了全球主要的中國 ETF 基金，其占所有中國 ETF 基金資產管理總規模 98% 以上。我們發現，這次反彈中大盤股資金流入中國離岸市場的情況與過去幾年沒有任何區別，但在 2016 年 9 月中下旬海外資金流入量有小幅回升。一如既往，境外 ETF 資金淨流入與香港恒生中國企業指數（HSCEI）的表現是同步並高度相關的。我們的數據顯示，離岸中國市場 ETF 資金流量儘管在脫歐之後有所回升，但是在 2016 年 8 月 16 日深港通宣布以來並沒有出現顯著的淨流入。即使在 10 月下旬資金再現淨流入，然而並沒有出現顯著的異常現象——如 2015 年三四月份的資金大幅流入的情況。當然，ETF 正式納入互聯互通計劃的提議仍然在討論中，但是在最終將被納入的預期下，非南下資金也應提前佈局。

與此同時，我們看到小盤股的回報與資金流向卻出現了與歷史不同的走勢。2016 年以來，投資小盤股 ETF 的海外資金流入相對平穩，然而小盤股仍能走出一波向上的行情，與歷史走勢不一致。因此，市場上應該有其他渠道的資金已經提前炒作香港小盤股。

深港通的開通在短期內更具挑戰性：滬港通開通時，雖歐美貨幣政策出現分歧，但國內流動性尚佳，中國的房價調整進入尾聲，貨幣政策到達由緊轉鬆的拐點；同時人民幣大幅升值逐漸鞏固市場信心，資本外流壓力較小，滬港通的開通成為A股走向牛市的催化劑之一。然而，深港通開通之時，除了美國大選、美聯儲加息、歐央行QE懸念等外圍市場的不確定因素，投資者對全球央行是否延遲寬鬆持有懷疑態度，市場對全球流動性拐點的確立爭論不休，全球債券市場拋售潮加劇。而國內的貨幣政策邊際收緊，房市步入調整，人民幣大幅貶值，不斷加劇資本外流壓力。國內外市場危機四伏，深港通在2016年最後兩個月擇時開通在短期或給市場帶來挑戰。

　　但長期來看，深港通開通後，港股的遊戲規則將逐漸發生改變。香港市場開放度高，資金流向受國際因素影響較大。美聯儲加息預期反覆，全球市場波動和英國意外「脫歐」，均引發資金出逃，拖累港股表現。而A股市場主要受國內流動性影響，外圍因素對其影響較小。隨著內資的不斷流入，內陸的流動性影響加劇，而國外市場對其的影響將逐步減弱。同時，隨著兩地互聯互通進程的深入，AH股的估值差異也將逐漸縮小。

　　連同最近大家都談到的中國版的「馬歇爾計劃」，內地與香港的互聯互通是人民幣國際化的重要組成部分。第二次世界大戰後，美元通過布雷頓森林體系成為國際貨幣系統的核心。然後，美國通過馬歇爾計劃使境外美元的供應量大幅增加，形成美元在岸/離岸流動的循環。儘管布雷頓森林體系於20世紀70年代的崩潰影響了市場對美元的信心，然而石油美元體系最終奠定了美元作為國際貿易定價和清算貨幣的地位。同時，美國依然維持其在科技領域裡的領先地位。

另外，日元國際化的最終夭折更多是因為日本未能持續地在亞洲地區行業發展的產業鏈裡維持其主導地位。當然，日本無法僅憑日元貸款擴充海外日元的供應也是主要因素之一。這些其他國家主要貨幣的國際化之路，對於累積了3萬億美元的外匯儲備的中國來說，可以作為人民幣國際化之路的它山之石。

但人民幣國際化之路也須佐以中國資本帳戶的開放。近年來，中國通過「走出去」戰略和「一帶一路」政策，向非洲、中東、中亞、拉美等發展中國家提供了國家貸款以輔助貸款國的基礎設施建設，在消耗中國過剩產能的同時，也助力人民幣「走出去」。但由於人民幣未實現自由兌換，這些政策對人民幣國際化的推動力遠小於當年美國「馬歇爾計劃」對美元的作用。但隨著深港通的落地，未來的債券通、期貨通、衍生品通及更多資產的互聯互通亦可期，中國的資本帳戶開放與人民幣國際化進程正逐漸加速，屆時，中國版的「馬歇爾計劃」將助力人民幣實現全球性擴張。

互聯互通與香港資本市場：
是目的地市場，更是門戶市場

香港交易所首席中國經濟學家
中國銀行業協會首席經濟學家　　巴曙鬆

　　滬港通和深港通奠定的內地和香港的互聯互通框架，使得香港資本市場的功能得以強化。在這個互聯互通的平臺上，香港市場是一個具有國際影響力的投資目的地市場（destination market），同時更是一個連接中國內地與國際市場的獨特的門戶市場（gate market）。

　　從滬港通啓動之後的市場運行看，雖然滬港通的交易量占當地市場的交易量穩步上升，但是遠遠沒有達到改變主場交易習慣的水平。雖然深港通取消了總限額，引入了保險資金等新的機構投資者，但是，可以預計，深港通啓動之後，由於內地和香港具有不同的交易者結構、監管體系等，兩地市場的差異將在較長時期內存在。這其實也為通過港深滬互聯互通平臺進行投資的投資者提供了更多的投資策略的選擇，也對這些投資者提出了更高的要求。那就是：要更深入地瞭解不同市場的運作規律，特別是香港市場作為一個國際市場，與內地

的市場在許多方面有很大的不同。

香港市場的一大特點是基礎產品非常豐富,支持多種交易策略。在基礎產品比較單一的市場,交易的策略往往會比較單一,例如盈利往往主要依靠股票上漲。在一個有豐富的基礎產品、可以構建多種交易策略的複雜市場裡,漲、跌都有人能盈利。因為它的基礎產品十分豐富,能夠支持構建多樣化的交易策略。

現在有研究者在思考,深港通啓動之後會不會有一些資金操縱市場。香港市場有很多小盤股,市值僅有幾個億,如果把它控盤,再拉高炒幾倍。這種做法在國內市場也許短期內可行,但長期未必可行,在成熟的國際市場,更要高度小心這種投機思路。姑且不論滬港通、深港通在選擇上市公司時,已經確立了一系列的標準來防止這種問題,監管機構也對這些現象保持高度警惕,並且已經累積了相當的監管經驗;僅僅就一般意義上來說,成熟資本市場有許多內在制衡的機制。比如香港的投資者以機構投資者為主,他們在進行投資決策時是在全球範圍的不同市場上做對比和選擇的。比如,全球不同的資本市場在這個行業、這個領域的上市公司一共有多少家,我們打算投資的這個上市公司在香港或全球同類型的上市公司中處於什麼樣的位置,大概估值多少。

如果有投資者就偏偏說,我就是有錢任性,我就是要把這個行業裡面的一家二流公司炒作到市盈率一百倍,即使這個行業的第一流的公司估值是三十倍市盈率,是否可以?也許短期內可以,但你試的時候要注意一系列的制約因素。第一,當然是監管部門的監管,市場行為是否合規值得高度關注。同時,香港資本市場還有哪些制衡機制呢?比如大股東和上市公司閃電配售,股東大會一通過,一定規模的

股本再融資不用報交易所審批，就可以直接賣給你。第二，當機構投資者發現，這只股票的估值顯著地高於國際市場平均行業的水平，而且也沒有特別的理由時，其就可以利用個股期權期貨等衍生品做空。所以在深港通開通之前，投資者要參與這個市場，就需要事前充分地瞭解並熟悉這個市場的運行規則，才能正確地做出進一步的投資。

同時我們也看到，與上海、深圳連起來的香港市場，是全球最大的股權融資市場之一，三個交易所聯通起來之後，總市值超過 70 萬億元。香港交易所過去 10 年較大比例的增發金額顯示，香港市場資金寬裕，而且再融資一般比 IPO 首發融資的金額更高。在很多年份，增發金額顯著地高於首發。香港市場上有著非常靈活的增發機制，形成了一種市場內在的制衡力量。

與此相關，又會產生另外一個大家經常關注的香港問題，即老千股問題，也就是抽水的問題。我們要客觀地看待這個問題。在市場上是不是存在這個問題？確實存在。是不是應該從嚴監管？需要從嚴監管。但是怎麼看待這個問題，如何監管，則需要冷靜地評估不同的路徑，需要瞭解不同路徑背後的監管邏輯。

有一種思路是要加強審批，設立高標準，例如可對再融資成立一個專門的再融資評審委員會，然後找一批專家來投票把關。但是，值得提醒的是，香港市場的一個重要的優勢就是以信息披露為本，保持這個市場運行的高效率，保持對市場的尊重和敬畏。只要上市公司向市場披露足夠的信息，投資者願意接受相應的價格，就可以發行。很多大規模的交易，比如大規模的併購，在用發行股份做支付手段的時候，通常需要快速決定。如果送到監管部門，需要通過監管部門的審批委員會，經過預審、談話、投票等各種程序，往往就太晚了。我也

曾擔任中國證監會併購重組專家委員會委員，對此有一些觀察。也就是說，以信息披露為本的高效率的融資、再融資機制，實際上是以機構投資者為主導的成熟市場的一個很重要的優勢。如果因為個別案例裡出現了過度集資抽水的現象，就成立一個專門的部門，比如再融資審批部，來加強審批，那麼可以預計，這個部門的審批權力可能就會很大。這個審批的代價必然是使整個市場效率降低，而且一旦有了權力，就容易產生尋租的現象。

這就好像有一個人用菜刀砍傷了人，是否就需要建立一個菜刀監管委員會？對每一個使用菜刀的人，在每次使用菜刀時都要進行登記審批？這種效率的犧牲對於整個市場的發展、金融資源的配置是不是值得？因為任何政策選擇，都是一個成本和收益的權衡，不能為了解決一個問題然後又製造出另外一個更大的問題。另外，還需要考慮的是，是不是還有更有效的方案？例如，強化投資者教育，讓投資者瞭解哪些類型、哪些特徵的公司有老千股色彩和過度圈錢的歷史記錄，提醒投資者遠離這種公司，也提醒投資者如果投了這些公司之後如何保護自己的利益。可能這才是成本更低、效率更高的選擇。

從香港交易所上市公司不同行業的情況來看，整個的行業分布比較集中，金融地產占比較大，中國內地企業的占比較高。從全球來看，不同的交易所上市公司的市值，最多的還是在紐約以及納斯達克這些市場。雖然上海、深圳和香港市場都名列前十，但是在滬港通深港通啟動之前，三個交易所實際上都還是相互分隔的市場，很難以一個合力來形成對全球範圍內優秀的上市公司的吸引力。現在如果通過互聯互通，把這三個市場加總起來，整個市場的深度會加深，投資者群體會大幅擴大，流動性更好。因此，如果把這個滬港通、深港通的

二級市場互聯互通延伸到一級市場，就可以不僅在這三個交易所同時進行交易，還可以推動新股的發行。

大家可以想像一下，香港交易所可以和深圳、上海的交易所一道，共同依託滬港通、深港通互聯互通形成的這個共同市場的平臺，動員和吸引全世界各個行業最優秀的上市公司到港交所上市。其中一個重要的吸引力，就是在港交所以及港、深、滬交易所通過互聯互通形成的共同市場，有好幾億的投資者，有三大交易所連成的共同市場。如果一家優秀的上市公司，特別是在中國內地有巨大市場的公司，不參與這個龐大的資本市場，就可能會失去很多流動性和市場影響力。所以滬港通和深港通開啓的共同市場如果延伸到一級市場，就能極大地增強對世界一流上市公司的吸引力。

所以，深港通開啓了一個互聯互通的共同市場時代，具有很多可拓展的空間，提出了很多值得我們進一步研究的新課題。那麼，互聯互通之後會對香港市場形成什麼樣的支持？全球目前有三個大的國際金融中心，紐約、倫敦、中國香港，我們稱之為紐倫港。與紐約和倫敦相比，中國香港資本市場一個很重要的特點是波動比較大，其中很重要的一個原因是把中國香港當作主場進行中長期配置的資金規模不夠，也就是缺少充足的「主場資金」。對香港的上市公司十分瞭解，願意長期投資香港市場的中長期資金，我們可將其稱為主場資金。

目前全球資產管理市場的份額和格局，還是由歐美主導。根據2015年年底的數據，北美的金融機構管理全球52%的資產，歐洲管理全球28%的資產，所以80%的資金目前還是由歐美的金融機構管理。根據2016年10月公布的統計數據，現在全球管理資產規模最大的資產管理公司貝萊德，管理了5萬億美元的資產；而目前中國最大

的公募基金公司大概也就管理了差不多15,000億人民幣的資產。所以目前看來，國際市場實際上在很大程度上還是歐美資金在主導。國內中長期的機構投資者，例如保險公司，利用互聯互通進行國際配置，不僅解決了國內資金進行中長期國際配置的問題，也為香港市場培育了主場資金，有利於資本市場的相對穩定。

從投資者群體角度來對比，香港市場是典型的機構投資者占主導，特別是國際投資者占主導，而內地的投資者群體實際上還是散戶占主導。中證登的統計可以證明這一點，50萬元以下的股票帳戶在中國內地應當占80%以上，而散戶容易形成一些典型的羊群效應和交易的噪音。在一個機構投資者占主導的市場，相對來說市場的換手率、各個方面的干擾噪音相對比較小，但是流動性往往不足；同時，部分機構投資者的偏好等導致有一部分優秀的上市公司沒有得到應有的關注。

從上市市場的選擇來看，要進行境內外上市的相對市場環境的對比，上市過程的對比，以及上市以後再融資和市場影響的對比。如果一家企業打算上市，那麼到底在哪上市好呢？我個人以為，應當主要考慮兩大因素，上市地和企業本身的行業特點發展階段，例如，上市地市場的規模，所在行業的估值，所在行業有沒有好的投資者，上市募資的審批效率，再融資的審批效率，募集資金使用的便捷性。

比如很多人覺得香港市場估值不高。我們做了一個研究，如果僅僅是比較一般估值水平，香港市場的估值並不高。當分行業來分析時，就會發現，主要是傳統產業的估值不高，但是一些適應轉型方向的新興產業估值比較高，比如健康醫療、護理、電子商務，這些行業估值比較高。同時內地IPO有一個市盈率的限制，而香港市場就沒

有。只要投資者認可並看好你，估值多少是投資者和你之間的事情。所以很多香港的上市公司，估值上市的 IPO 的水平可能比內地還高。所以選擇上市地時，要分析企業所在的行業的發展階段、國際國內業務的拓展方向，再對照兩個市場的交易規模、募集資金的使用狀況。

香港市場根本的特點是上市和交易監管以披露為本，對於公司的好壞，交易所和監管者是不做實質性的事前評價的，主要由投資者根據已披露的充分信息做評價。那麼交易所和監管者的職責是什麼？披露的信息是否足夠？如果足夠，在風險大的情況下，投資者仍然願意買，那是投資者的選擇，買者責任自負。但是如果披露虛假信息，上市公司會受到極重的懲罰。我們把最近幾年具有代表性的公司上市所需要的時間做了一個總結，發現 3 個月內的有中國郵政儲蓄銀行和中國再保險集團，也有達到 6 個月的新特能源、盈健醫療，平均的時間在 4 個月，可見香港市場的總體運行效率還是非常高的。

很多人非常關心深港通啓動之後，市場會呈現什麼樣的走向。我們不便對市場做預測，但是可以利用掌握的客觀數據，分析滬港通啓動之後出現了什麼變化，有哪些特徵，以此來作為參考，把握深港通啓動之後，市場可能出現的新變化。

從上市公司角度來看，互聯互通機制有幾個方面的積極影響。第一，可以擴大投資者的基礎。覆蓋在互聯互通的滬港通、深港通項下的上市公司，會發現它的投資者以後會來自全球。第二，交易的總限額取消了，不少的投資者預期兩地的估值可能會逐步趨於接近。雖然也有不少人認為這種估值的差異會因為交易製度以及投資者群體的差異還將長期存在。第三，提高股份的流動性。第四，提高市場的影響力。

假設你是一個手機生產商，消費者花了錢購買手機，但是買手機創造的利潤，消費者不能分享，而是被另外一個市場上的投資者分享。如果通過互聯互通，使消費者和投資者盡可能地匹配，有助於增強投資者和消費者對上市公司的認知。香港的融資和再融資市場非常活躍，廣泛的融資渠道和較高的市場地位可以促進公司進一步的發展。公司可以通過多種渠道籌資，不僅僅是發行股票，還可以增發可轉債、普通債券、認股權證等。

如果從估值角度看，整個香港市場IPO的平均市盈率實際上並不低，比如消費者服務業的平均市盈率在38.4倍，高於內地監管部門制定的新股發行的市盈率的最高限制。我們還通過數據分析看到，香港不同行業的IPO的平均市盈率分化非常大，具體取決於不同的行業、商業模式、高管團隊等因素。

港股通項下，港股通大概交易量有多大？通過滬港通到香港的內地資金交易量的比重是多大？從統計數據看，由於投資者在逐步熟悉和瞭解這個市場，所以交易量在慢慢上升。早期的時候，每天通過滬港通到香港的內地資金交易量占香港交易量的0.5%，慢慢地擴大至3%，深港通宣布啟動以及交易總限額取消之後，現在達到5%。如果把北上和南下的交易量做一個對比，內地的資金南下在香港投資，占香港市場交易量的比例是0.5%，而後上升到3%~5%。與此形成對照的是，國際資金進入國內市場始終比較平穩，而且由於國內市場流動性較高，國際資金進入國內市場占當地市場的占比在0.5%和0.9%之間，占比非常小。所以從目前的數據可以得出的結論是：從滬港通的交易量所占的整體交易量的比例來看，滬港通明顯還未達到改變當地主場交易習慣的規模。但是深港通啟動後，因為市場限額的取消以

及保險資金等新的機構投資者的參與，預計市場應該會有不同的表現。

我們利用歷史數據做了一個測算，在港股通項下，我們對比了港股通和滬股通的交易量，就內地買港股的資金和海外資金買上海的股票的規模做了一個百分比的對比，我們發現，從中期來看，基本上是大致平衡的規模和態勢。

那麼，深港通啓動之後大家會買什麼？實際上，從滬港通啓動之後的數據觀察，國內投資者、國際投資者，在不同的階段、不同的市場條件下，喜歡買的主要股票的行業和板塊在不斷地變化。通過數據來分析，我們發現在2015年，內地投資者去香港買的60%是一些中型的股票。那麼2016年買得最多的是什麼？51%的是恒生的大型股，中型股還是占40%多，但並不是最多的。

從行業上來分析，2015年到現在也出現了非常明顯的變化，在不同的市場條件下，投資者並沒有固定不變的投資風險收益偏好，而是根據市場環境靈活地做出調整。我們看到，滬港通下買盤加上賣盤港股通日均成交量比較大的股票，2015年排名靠前的是：中國中車、國美電器、上海電氣等。到2016年，金融股占比增大，說明中長期的機構投資者更加關注穩定的分紅和較低的估值。因此不同時期，市場表現出不同的風險收益偏好。

深港通是滬港通的延伸，遵循了滬港通的基本市場框架，沿用了滬港通基本的交易結構和製度框架，遵循了相同的原則。只是把符合資格的股票範圍拓展到深股，港股符合資格的股票範圍也在擴大。深股通和深港通下的港股通，分別覆蓋不同的上市公司範圍，滬港通和深港通有較大的新的進展。第一，撤銷總額度。第二，納入ETF，目

前初步的打算是準備於2017年推出，還需要雙方監管部門的批准。第三，滬港通其他的規定維持不變。所以深港通啓動後，整個市場的覆蓋範圍在增大，基本上形成了共同市場的一些新框架。比如，如果只有滬港通，市值覆蓋57%，加入深港通之後，增長為81%。如果按成交量來算，滬港通時只占29%，加入深港通後，占69%，所以深港通大幅提升了投資者投資內地及香港上市公司的比例。最主要的特點是深港通覆蓋了不同行業的上市公司。交易通及結算通安排在深港通下面是維持不變的。

現在大家都很關心人民幣匯率的貶值與否，擔心資金流出。為什麼在人民幣還存在階段性貶值壓力的時候，決策者敢於把滬港通、深港通對外投資的總額度取消？非常重要的一個原因是滬港通、深港通構建的交易所互相連接的機制，並不是一個單向流出或者流入的資本項目開放機制，而實際上是一個封閉的、雙向的、可控的透明開放機制，是一個真正的資產配置的平臺。國際投資者投資上海和深圳的股市時資金流入，但他在賣出的時候資金會原路返回，是封閉的、可追溯的。當內地的投資者投資港股和國際市場，資金流出，可能短期內對內地資金有壓力，但一旦未來投資者賣出港股，資金會原路返回，所以它是一個封閉的、收益可交換的機制。

因此我認為，滬港通、深港通等互聯互通機制，是一個收益互換機制，而非一個單向的資金流出機制。當期的資金的流出，同時也意味著下一時期的資金的流入，對現期的匯率可能會有一定的壓力，但未來會對匯率形成支撐。正是因為這種可控、可追溯的資本項目開放機制，即使目前短期人民幣面臨資金流出壓力，決策者還是取消了交易的總額度限制。

互聯互通的交易主要有哪些特點呢？它主要有以下幾個方面的特點：第一，通過交易總量過境來實現最大的價格發現；第二，結算盡量過境，實現最小的跨境流動；第三，人民幣境外換匯實現全程的回流；第四，結算交收的全程封閉，實現風險全面的監控；第五，以本地原則為主，投資者沿用自己熟悉的交易習慣。上海和深圳開有帳戶的投資者在開通滬港通、深港通之後，可像原來在上海和深圳的帳戶一樣進行交易，只不過在後臺通過結算和交易通連接到香港市場。因此這個框架和試點的模式結構靈活，可供未來擴容，具有可擴充性，下一步可以延伸到一級市場、新股的發行市場和債券市場等，也可以延伸到大宗商品市場，具有可延伸性。

以滬港通交易流程為例，香港聯交所和上交所，分別在對方市場設立一個子公司，這個子公司，互成對方的一個特殊的參與者。跨境的雙向的買賣牌訂單傳遞，就由交易所的子公司來負責，並通過專門的網關來實現。前端監控從滬港通來說，就是確保投資者有足夠的股票，為賣盤完成交收的製度用以避免賣空。在交易日安排上採用最小交集原則，只在滬、港兩地均為交易日，且能夠滿足港股通結算安排時，才確定為港股通的交易日。比如說前一階段的國慶長假，滬港通交易機制就暫停。

因此，在互聯互通的背景下把握滬港通和深港通，把握香港市場的功能，實際上就是香港在延續原來把內地的企業與國際市場的流動性在香港匹配這個重要功能的基礎上，通過互聯互通提供了另外一種現實的金融服務功能，就是把內地的流動性和國際的產品在香港匹配，滿足內地的居民、企業和機構進行國際資產配置的需要。所以互聯互通推動了一個共同市場框架的初步形成，並且還推動形成了一個

全新的、可進一步拓展延伸到新股、債券、商品市場的共同市場的框架。通過這個框架，香港不僅繼續是一個重要的投資目的地市場，而且成為一個活躍的門戶市場。

厘清股市互聯互通機制的
幾個關鍵問題

彭博經濟學家　陳世淵

　　中國國務院在 2016 年 8 月份批准了《深港通實施方案》，其後幾個月，各方緊鑼密鼓地準備、測試。深港通標誌著中國股市開放再下一城，內地和香港股市進一步互聯互通，給兩地投資者帶來新的投資機會，為兩地股市帶來新鮮血液，利好市場。然而，深港通對於兩地市場有些什麼影響？它對中國跨境資本流動的影響又是什麼？中國股市開放的下一步該如何考量？本文試圖厘清上述投資者和決策者關心的幾個問題，希望可以引起更多對股市互聯互通機制的有益思考和研究。

股市互聯互通機制的一致市場效應

　　股市互聯互通機制，對投資者和市場來講，總體上說是一種利好。這種機制，給兩地投資者提供了更多可選擇的投資標的，使其可

以做出更優化的投資組合安排；從股市流動性角度看，也為兩地市場注入了新鮮血液，增加了市場活躍度。但是，對股票市場的整體影響，卻很難估量。筆者認為，股市互聯互通機制對股市估值的影響，大體有兩種邏輯：一致市場效應和套利效應。

一致市場效應指的是，隨著兩個不同市場的打通和融合，股市估值水平會趨同。直觀上，這和聯通器原理類似，資金會從估值高的一方流向估值低的一方，最終估值高的一方價格會下降，而估值低的一方價格會上升。這個比較容易理解，不過實際情況可能會更加複雜。根據資本資產定價模型（Capital Asset Pricing Model，CAMP），從基本面分析股價變動，有這麼幾個主要因素：第一個是無風險收益率；第二個是市場風險溢價，也就是市場預期收益和無風險收益之差；第三個是股票的個股風險（相對於市場風險而言）。而市場預期收益還受到無風險收益的影響：無風險收益率上升，市場預期收益率也會上升。當兩地股市完全聯通的時候，一致市場效應會有這麼幾種可能的作用：

• 香港市場的無風險利率是基於國際市場無風險利率的，低於內地市場無風險利率。用國債來衡量，一年期美國國債利率為0.64%，遠低於中國一年期國債利率2.14%。兩地股市在聯通之前，內地股市由於無風險利率較高，整體收益風險比率（Sharpe Ratio）會比較低。當兩地股市聯通時，香港低息資金會湧入內地，抬高A股股價，直至內地股市整體收益風險比率上升到與香港同一水平。由於國際金融市場體量遠大於國內金融市場，那麼香港股市估值在這個過程中並不會由於資金流動而有很大變化。

• 不考慮兩地無風險利率的差異，如果A股反應中國經濟相對

較高的成長性，而內地證券市場風險又小於香港市場上的全球市場風險，那麼內地股票就會具有相對較高的收益風險比。打通兩地市場之後，香港資金還是會湧入內地，抬高A股股指。

• 如果兩地股市具有同樣的收益風險比率以及相同無風險利率，那麼兩地市場資金會互相流動，兩地投資者都會重新組建一個更好的資產組合，使得收益風險比上升。這種情況下，兩地股市估值均可能提高或維持不變。

所以，如果股市反應基本面，兩地股市聯通之後，資金主要應該是流入內地股市。但是，如果目前內地股市高估了未來經濟增長和企業盈利前景，同時目前相對穩定的股市主要源於不可長久的政府因素，那麼投資內地股市的實際收益就會較低，而真實市場風險又會較高。在這種情況下，內地股市的實際收益風險比有可能比香港低。於是，會出現資金流動主要是從內地流出進入香港的情況。由於存在一些兩地資金流動的限制，比如互聯互通機制設有每日投資額度以及投資者對新市場需要時間瞭解等政策，資金流動會比較緩慢。

股市互聯互通機制的套利效應

套利效應是互聯互通機制的另一個效應。這個效應主要因為內地和香港市場的特殊性，很多中國公司在兩地都掛牌上市。同一個公司的股票，在內地屬於A股，在香港市場稱H股。目前有不到100家公司同時在內地股市和香港股市掛牌。由於兩地在投資者結構、資金成本和市場風險以及市場監管等方面存在顯著差異，同一公司的A股和H股出現了持續性的顯著價差。由於長期投資者不會過多考慮當

地市場造成的短期波動，這個時候，他們就會傾向於買入同一公司價格低的股票，賣出價格高的股票，實現資本市場無風險套利。所以，在套利效應下，A股和H股的價差會最終消失，資金會從價格較高的A股流入價格較低的H股。

根據恒生指數有限公司編制的數據，目前這些兩地上市公司，A股股價平均比H股貴23%。比較有意思的是，在2014年年底之前，這些公司的H股比A股稍微貴一些，總體價差並不明顯；但是在2014年年底到2015年年中的牛市中，A股價格迅速上漲，超越H股，AH價差最高一度逼近50%。這種持續存在的價差，並不說明套利效應的失效，而是由於兩個原因造成的：第一，由於滬港通流量有限，短期內套利效應不如單個市場本身發展變化的影響大；第二，由於內地投資者以中小投資者為主，投機勝過投資，更多看技術分析而不是看基本面炒股，使得基於基本面的套利效應被縮小。但是，出現了比較持續的南向資金壓過北上資金的情況，近期A股和H股價差縮窄，說明套利效應還是在不斷進行之中。比如，2015年、2016年中國資本市場的重大事件——寶能對萬科股份的「惡意收購」，寶能除了在內地股市大量購入萬科股票，同時也在香港市場買入萬科H股，增加其持有萬科股票的總份額。排除非經濟因素對股市的干擾，從長期看，套利效應應該會使得同一公司的兩地股票價格趨同。

深港通可驅動兩地股價上漲：似是而非

深港通從2016年8月份獲得國務院批准之後到現在，香港股市先漲後跌，內地股市先跌後漲，都沒有反應出深港通的影響。很多投

資者依然寄希望於深港通開始運作之後，會對股市有較大影響。誠然，深港通作為一種利好，讓兩地投資者有了更多的選擇，對市場整體有利，特別是對某些個股影響會比較大。但是，通過更深入研究，發現滬港通在 2014 年 11 月開通後到現在，其對股市整體估值的影響可以說是短暫的，並沒有成為兩地股市的新驅動力。深港通應該也很難成為新的股市驅動力。

首先，將港股和 A 股的相關性和港股與其他地方股市的相關性進行比較，可以發現，港股在過去幾年和海外股市特別是亞洲新興市場指數保持高度相關，相關係數可維持在 0.8~0.9；港股和 A 股的相關性則較低，在 0.3~0.6。這略低於港股與標準普爾 500 指數的相關性。在滬港通開通之後，港股和 A 股的相關性並沒有明顯變化。

其次，內地股市和其他地區股市的相關性均比較低。上證綜指和標準普爾 500 指數相關係數長期平均值僅僅在 0.2 左右，可以說長期基本互相獨立；和港股相關係數在 0.3~0.6，考慮到大概有一半以上香港上市公司來自內地，而且香港經濟嚴重依賴內地，A 股和港股之間相關水平屬於比較低了。這可能主要由於內地的資本帳戶特別是股票市場的開放度相對比較低，而政府政策支持又使得 A 股有諸多獨特的運行機制。2015—2016 年內地股市和海外股市相關性有所提高，部分反應了人民幣匯率波動對海內外市場的共同影響。

兩地股市互聯互通如何影響資本流動？

上面分析了股市互聯互通機制短期內很難改變兩地市場的驅動力，在一定時期內，兩地市場依然會由當地投資者主導。這次深港通

的一個很大突破，就是在保留每日額度的同時，取消了總額度的限制。

除了滬港通，目前股票市場上主要的跨境資本流動渠道有合格境外機構投資者（Qualified Foreign Institutional Investors，QFII），人民幣合格境外機構投資者（RMB Qualified Foreign Institutional Investors，RQFII），合格境內機構投資者（Qualified Domestic Institutional Investor，QDII）。這幾個機制加上滬港通和深港通，每年的資金流量最大可達3,580億美元。相比之下，中國非儲備資本帳戶在2013年淨流入為3,430億美元，在2014年淨流出為513億美元，在2015年淨流出為4,856億美元。可以看到，目前這幾個機制在理論上已經具備衝擊中國資本帳戶資金流動的較大能力。但是，如果考慮到滬港通和深港通北上和南下資金會互相對沖，考慮到RQFII、QFII基金不大可能一年內把投資清倉，同時國內投資者投資海外的QDII額度目前已經基本用完，那麼這些機制實際上可能造成的資本流動影響會小很多。股市互聯互通機制還有一個特點，就是股票賣出之後，資金會自動回流到投資者所在地，所以可以說南下資金並沒有完全流出境外。這也減緩了跨境資金流動壓力。

但是，互聯互通機制作為一個比較透明的窗口，卻有比起資金量大得多的影響力。在過去兩年，滬港通已經成為反應兩地投資者情緒的重要指標。比如，在2015年年中內地股災前，北上資金一直高於南下資金，反應了當時海外投資者看好內地股市；而股災之後，南下資金一直高於北上資金，反應出投資者對於內地股市總體趨於悲觀。市場投資者緊密跟蹤滬港通資金流向和所交易的相關股票標的，從而分析和捕捉市場發展最新趨勢。

互聯互通機制未來還可能會出現有限的每日額度和無限總額度之間的矛盾。隨著投資總量的不斷上升，當一小部分投資者賣出股票時，就可能會造成通道堵塞；而通道一旦堵塞，就會進一步惡化投資者情緒，出現類似銀行擠兌的市場恐慌，觸發股市危機。監管當局對此需早做預案。

南下香港資金可以規避人民幣風險？

現在有一種流行觀點，認為南下香港的資金可以規避人民幣匯率風險，並把持續的南下資金和人民幣過去一個階段的貶值聯繫在一塊。筆者認為這種觀點值得商榷。

規避人民幣匯率風險並不需要資金流出境外。規避人民幣匯率風險可以把資產配置在美元上，也可以把資產配置在實物資產上。從後者看，港股和A股同樣是實物資產，都可以起到規避貨幣匯率風險的作用。實物資產的價值，以及其抗通脹和抵禦匯率波動風險的功能，並不會因其標價為港幣或人民幣而變化。

把資產配置在香港，起到的是規避內地市場風險的作用。2015年以來的幾次股匯率聯動，匯率波動和股市波動共同反應宏觀經濟和公司基本面的變化，匯率波動不是導致股市波動的根本原因。

互聯互通機制的下一步在哪裡？

對於兩地股市，更多的管道和持續的資金流動，長期而言可以逐漸消化兩地股市的「水壓差」，這可以有效減緩未來資本帳戶完全開

放對國內市場所帶來的衝擊。對於未來這個機制的發展，比較容易猜測下一步是擴大每日額度，把更多股票納入該機制；另外，監管當局亦在討論架設更多的通道機制，比如滬倫通（上海－倫敦股市的互聯互通機制）。

但是，互聯互通機制的缺點也很明顯，即它面臨著跨境監管和跨境稅收等困難，可能會催化各種監管套利交易。筆者認為跨境監管需要得到兩地監管當局更多重視，需要採取更多措施應付「監管套利」的交易行為，建設好互聯互通機制長久健康發展的基礎。

另外，筆者認為資本帳戶開放的目的，除了是讓資金可以更自由配置從而提高資源配置效率之外，更為重要的是開放國內市場准入，引入國際投資者。國際投資者可以幫助改變境內投資者的投資習慣和提升其投資效率，促進國內資本市場的進一步發展。股市互聯互通機制主要著眼於促進資金流動，很難取代國內資本市場的對外開放帶來的裨益。

最後，中國資本帳戶的開放，離不開國內經濟的市場化改革。在國內經濟改革沒有實質性突破之前，在A股市場沒有得到徹底改革之前，互聯互通機制和其他股市開放措施所帶來的資金流動，對國內市場來講，可能蘊含更多的是風險而非機遇。加速國內改革，提升經濟增長潛力和企業估值，可以增加股市對海外投資者的吸引力，也會增強經濟體抗風險能力，從而為股票市場和其他資本帳戶開放夯實經濟基礎。

深港通推出，何以內地冷而香港熱

香港資深投資銀行家
中國人民大學講座教授　　　溫天納

近期，內地有一類型基金熾熱，投資需求甚大，不少該類型的新基金一登場更出現一夜售罄的情況。這是什麼基金？答案是 QDII 基金。在 2016 年頭 3 個季度中，相關基金業績更是突出，超越混合型基金和股票型基金，成了最賺錢的基金類型。QDII 基金熱爆主要因人民幣匯率持續下跌，內地投資者眼光伸向海外，而 QDII 以美元進行國際市場投資，自然受到投資者的關注。

目前，對內地投資者而言，投資境外市場最簡單及直接的方法就是買入 QDII 基金。相比內地銀行和券商 QDII 產品的高門檻，QDII 基金產品最為親民，1,000 元人民幣即可上車，這代表了內地散戶都可參與美元理財。參考內地報告，2016 年頭 3 季度，QDII 基金的平均收益率為 4.39%，並且近九成的 QDII 基金收穫正收益。

縱觀市場，QDII 成為內地 2016 年頭 3 季度最賺錢的基金類別，更有不少收益是在兩成以上。不過，近期要購買 QDII 基金並不容易。

有內地業界統計過，目前內地市場上100多只QDII基金，開放申購的不足半數。而不少新上市的QDII基金在極短時間內就全面售罄。早在2016年第3季度初，外匯管理局批准的QDII總額度使用率已達九成。

人民幣貶值提升港股投資機遇

在人民幣持續貶值的情況下，即使投資收益普通，在匯率影響下，回報也相對可觀。人民幣貶值是內地投資者配置QDII基金的重要原因之一，內地資金加速了環球配置的趨勢。未來深港通啓動，亦將成為重要的配置渠道。

滬港通在2014年開通，投資滬港深主題的基金亦成為可供內地投資者選擇的品種。2016年A股整體表現疲弱，港股因估值低，以及種種資金避險的原因帶動，表現不俗，對內地投資者的吸引力正在增加。不少內地投資者也希望透過滬港通基金以及深港通基金來分散人民幣風險，並分享港股收益。

目前在內地發行的深港通概念基金數目接近10家，加上已成立或準備申請待批的，未來滬港深概念基金數量有可能超過70家。無可否認，2016年港股的表現明顯優於A股指數，凸顯了資產配置分散風險的重要性。從估值的角度來看，估值較低的港股存在較為明顯的投資機遇。深港通開通後，內地投資者將取得較大的港股定價權，亦有利於提升部分香港中小型企業的估值。

隨著美元升值，港元兌換人民幣匯率持續上升，通過滬港通投資港股，除了能取得港股自身的投資收益之外，港元匯率優勢有機會進

一步提升基金組合的較長期收益。而目前內地投資者參與港股基金投資，主要有兩類選擇，一是跟蹤恒指主要指數作為配置之選擇，這類基金主要標的為藍籌股，屬被動型投資；二是搭配一些具備特別偏好的個股選擇，屬主動管理型投資。

上述不少基金當中，甚至有相當大的一部分是以投資A股為主，港股投資比重較小，可以說存在不少掛羊頭賣狗肉的QDII基金，這些產品已經成為內地投資者的「地雷」。不少投資者投了之後，發現原來是A股基金，才知上當，但可見市場對港股的需求甚大。

無可否認，目前的人民幣正面臨貶值壓力，而A股亦非在大牛市當中，此時此刻，港股市場整體估值卻不高。筆者認為，隨著內地資金南下的興趣大增，剔除了總額度限制的港股通，將成為內地市場中極為罕有的合法合規對外投資渠道，用以分散人民幣貶值的風險。

在未來，互聯互通亦將包括若干ETF產品，ETF屬便利性的投資工具，對內地投資者具備一定的吸引力。筆者認為ETF的納入定能吸引更多內地資金南下，發行機構亦將在香港市場大力推動相關ETF產品的發展。

2016年是環球市場波動的一年，「黑天鵝」事件頻生，內地避險資金正四出尋找新的投資標的。雖然特朗普當選美國總統或將影響美國的財金政策，但美國加息步伐無論是加快或減慢，仍會直接影響到資金的流向。不過，深港通的啓動則在某種程度上可以減輕加息的衝擊，另外亦對港股更有兩重意義，即改善香港市場的流動性與實現港股價值的重估，深港通日後將有機會推動港股市場的價值迴歸正常，不再被低估。

綜觀內地投資界論點，內地投資者最為關注具備以下特徵的港股

標的：直接受惠深港通啓動的行業股，如券商股、港交所等；具備高增長性的小型股，內地投資者特別喜歡中小型股份，特別是高增長性的股份。港股估值遠較A股低，內地資金若加速流入，小型股表現定較為受惠。

此外，AH股當中價值較低的H股可予以留意，但亦不可忽略行業估值及企業的基本面，折讓並非唯一的買入標準；高息股，以績優及穩定的派息率為重要考慮；優質的大中型股份也可作為關注對象；在港股通50億元市值門檻邊緣的小型指數成分股亦會是重點。

滬港通對A股利好不如預期

回想2014年4月，李克強總理宣布落實滬港通時，筆者成為內地媒體追訪對象，當時市場充滿興奮及意外。兩年零四個月之後，李克強總理宣布落實深港通時，筆者電話同樣是響個不停。來自聽筒另一端的聲音，語調少了興奮，多了疑問及質詢。來自中央電視臺及新華社友人的訪問主要集中在深港通的意義及對香港的支持作用。來自第一財經電視及鳳凰衛視友人的訪問，主要集中在政策對市場的影響。來自本地媒體電視、報章及電臺友人的訪問，問題略帶尖銳性，圍繞著開放力度不夠、港股A股化、政策向A股傾斜等話題。由此可見，深港通的意義對不同人士有著不同的意義及影響。

滬港通到2016年11月已啓動兩年，投資者亦感受到部分預期並未兌現，對於兩地上市的AH股股票，高折價的A股並未因滬港通的推出而獲得外資的特別眷顧。原本大家以為滬港通有助於縮小兩地上市AH股的價差，但AH股的價差並未因為滬港通出現趨勢性的

收窄。

滬港通總額度已取消，滬股通原額度（人民幣3,000億）累計使用不到一半，相對於上海股市人民幣23萬億元的自由流通市值僅僅只占0.66%。假設深港通開通後，深股通使用達到人民幣3,000億元，對於深圳股市約人民幣15萬億元的自由流通市值也僅占2%，不能亦不會改變A股現有的投資者結構。故此，短線而言，深港通對A股最多只能產生一刻的激情，對後續市場影響有待觀察，投資基金的A股策略未必會出現重大調整。

筆者認為原因在於交易量無法做起來，因而難以改變A股的投資者結構和市場風格，也無法影響大盤藍籌股的估值和定價。在這環境中，投資者只能繼續觀望，等待市場最終的開放。

從兩地市場對政策的反應來看，存在內地冷、香港熱的情況。反差的原因主要在於投資者預估深港通執行後，資金會從內地創業板跑到香港，因為內地創業板的估值實在太貴了，從近期滬港通南向資金量大增可見趨勢。相比香港投資界較熱烈的期待，內地的看法相對冷淡。

當前國際機構投資者方面，也對A股普遍比較謹慎，購買藍籌股或將成為主流穩妥的投資策略。故此，A股方面深圳藍籌股及稀缺板塊，將成為深港通開通後較為突出的投資機會，若干板塊將受惠，如白酒、醫藥、券商、軍工等。

需要留意的是，外資流入並不代表股價會上升，資金流動只是影響股價的因素之一。北上交易占相關股票的交易額之比例始終不高，對A股價格的刺激作用並不明顯。目前A股相對平靜，投資概念相當分散，深港通概念短期內仍有一定的市場。若干機構投資者亦希望

透過深港通進行 AH 股票價差的套利及炒作活動，不失為市場焦點之一。

市場融合需要法規政策的融合

最後，互聯互通是內地 A 股資本市場長遠改革開放的一大步驟，但最終的融合是一個長期任務，三地的股市、法規、政策都需要融合，才能發揮最大的作用。

現在市場處於開放的進程中，政策帶有試點意義，我們目前距離真正的全面開放，還有一段距離。內地投資者投資港股設有門檻，這與內地投資者保障以及內地資本帳戶尚未開放存在一定的關聯性。經歷了 2015 年內地股市的震盪，2015 年 8 月與 2016 年 1 月人民幣的波動之後，大家始終感受到金融體系需要持續優化，否則危機隨時會出現。從另外的一個角度去看互聯互通，內地資本市場與國際性市場接軌，大家會擔心環球金融大鱷會否透過滬港通及深港通擾亂 A 股市場；同樣地，不少人士也擔憂港股出現 A 股化的情況，跨境監管並不容易，兩地監管製度、企業管治以及投資者的特徵存在差異。

滬港通在 2014 年啟動，其後兩地股市經歷了股市狂潮，港股狂潮來得晚，完得早，A 股當時更為火熱。目前，深港通的框架雖然已經宣布，對於具體納入的企業名單市場將有猜測，會否被上市公司炒作，甚至會否被「有心人」作為借口濫用以愚弄投資者，尚未知曉。要納入深港通，存在門檻市值限制，為避免深港通標的股變動過於頻繁，計算的方式需要相當謹慎。

滬港通的內地投資者准入門檻並沒有取消，而這門檻亦延伸至深

港通，未來內地投資者投資深港通，依然有 50 萬人民幣的門檻限制，而投資內地創業板的香港投資者則必須為專業投資者，門檻絕對不低，需要具備 800 萬港元的證券投資組合及一定的投資經驗（必須符合若干買賣證券的頻率）。

對於投資者而言，必須多瞭解兩地市場的特徵，特別是兩地中小型股的特徵，區別當中的風險所在，監管機構、交易所及業界則必須加強對投資者的教育培訓。深港通的特徵在於購買中小型企業的股票，風險肯定較高。兩地投資者的投資理念存在差異，而差異亦導致兩地股市的估值無法平衡，投資者也必須對股票多加觀察，不可單純以價差作為投資的原因。

深港通或將重啓牛市

中國金融技術分析師協會會長　陳健祥

2016年8月，市場翹首以盼的一項金融政策終於落地，李克強總理在16日的國務院常務會議上明確表示：「深港通相關準備工作已基本就緒，國務院已批准《深港通實施方案》。」這是繼2014年滬港通推出之後，資本市場開放的又一實質性舉措。

深港通獲批，意味著中國資本市場在市場化和國際化的道路上再次前進了一步，不管是資金量，還是可投資標的，都會有所提升。這對深港兩地的市場都是利好。但這種利好是長期的，還是短期的，則需要進一步分析。

一、宏觀政策分析

如果我們從大一點的格局考量，可能看得更清晰。中國經濟的騰飛，實際上是從改革開放開始的，這30多年來取得的巨大成就，是壓抑太久的經濟潛能的一次大爆發，但直接原因是不斷改革調整所釋

放的政策紅利。2013年政府換屆，改革進入攻堅期和深水區，這一認識成為政府上下的共識。經過30多年的改革，能改的已經都改了，深化改革必然要涉及牽動全局的敏感問題和重大問題，如所有制改革特別是深化國有企業改革、財政體制改革、金融體制改革、收入分配體制改革、幹部人事製度改革等，諸如此類的改革牽一發而動全身，任何一項改革都會涉及其他多項改革，涉及千千萬萬人的直接利益。其中深化國有企業改革，金融體制改革等都與資本市場高度相關。而持續深化改革如果能繼續釋放政策紅利，那麼經濟延續此前增長的勢頭就能繼續，經濟長期穩步增長本身就是資本市場長期向好的根本動因。

金融體制改革這一重要改革方向的第一要點，就是建立對內對外更加開放的金融體系，以刺激金融市場活力。貨幣方面，推動人民幣向國際化穩步邁進，人民銀行同境外30多個國家和地區的中央銀行或貨幣當局簽署了雙邊本幣互換協議，2015年年底人民幣加入特別提款權無疑是一個標誌性事件。資本市場方面，推動多層次資本市場發展，同時加速全面互聯互通。2014年11月連接上海證券交易所和香港交易所的滬港通鳴鑼開啓，內地股市首次向全球資金直接開放，而內地的投資者也開始全球配置資產。在內地堅定地推進資本市場雙向開放和人民幣國際化的大背景下，滬港通模式同樣已經開始被應用到內地市場與其他市場的互聯互通上。上海證券交易所、中國金融期貨交易所與德意志交易所集團共同成立了中歐國際交易所；連接上海和倫敦兩地市場的「滬倫通」也已進入研究階段；而作為內地與海外大宗商品市場互聯互通的「前奏」，「倫港通」也已啓動籌備。

深港通政策落地，是互聯互通正式走出的重要一步，這說明最近

兩年滬港通的運行取得了成功。深港通的開通,將實現A股滬深兩市與香港市場的聯通。

這一系列政策的背後,我們可以看出國家發展資本市場的決心和智慧。金融市場的繁榮可以拓寬實體經濟的融資渠道,進一步實現優化資本配置,配合結構調整國企改革,將是深化改革整體戰略中的重要步驟。

二、深港通對A股市場產生積極影響

從長期分析跟蹤全球金融市場的經驗來看,筆者認為金融市場長期走勢和經濟增長必定是正相關的,短期走勢受市場情緒影響,例如美國大選、美聯署加息速度等,但中期走勢則非常強烈地受到宏觀政策的影響。在政策執行效率較高的中國來說,金融市場和政策的相關性更為明顯。

回顧歷史,稍微資深一點的投資者都應該對10年前A股市場的牛市印象深刻,短短兩年時間上證指數從1,000點升到6,000多點,指數升幅達到5倍,個股漲幅則更是驚人。這波大牛市的政策大背景就是股權分置改革。2005年以前,因為資本市場建立之初主要為國企解困,因此國有股和法人股不能上市流通,A股本身並不能算一個完整和真正意義上的股票市場。要使A股全流通,就要國有股和法人股全部像普通股一樣,參與市場流通,通過全流通實現同股同權,同股同利,使得兩者的利益趨於一致。但因為原始股成本極低,直接讓這些非流通股按二級市場的高溢價上市,則對市場產生巨大壓力,本身也存在分配不公。資本市場管理層曾數次給出方案卻沒能令人滿

意。股改困局在 2005 年開始得到實質性解決，牛市也在 2005 年年底正式起步。

而 2014 年 11 月作為深港通前站的滬港通的推出，也引爆了券商類股份，從而開啓了上證指數一波雖然短暫但是很強勁的小牛市。指數從 2,000 點在 7 個月的時間漲到 5,000 多點，升幅達到 1.5 倍。我們可以對這背後的政策邏輯進行梳理，如果說股權分置改革是解決了資本市場合理性的問題，是基礎構架的夯實，那麼內外資本市場互聯互通則是 A 股市場發展的促進措施。

可見，從 2005 年到 2015 年上證指數的兩波牛市都是和資本市場的大政策在時點上完美契合的。滬港通給港資和海外資金提供了極佳的入市時間節點，內外聯動，使得市場快速火熱起來，因此說滬港通是 2015 年上半年「瘋牛」的導火線也不為過。當然，後面的大幅上漲是槓桿的效果，因此疊加監管的效果一旦回調就跌幅較深。

2016 年推出的深港通則從邏輯上驗證了滬港通政策的成功，並且比滬港通在政策上更進一步。深股通的投資標的為 880 只，佔深市總市值的 74%，覆蓋面更廣，雖然創業板僅限機構投資者，但是我們知道香港市場機構投資者正是股票投資的主導力量。在每日額度限制方面，雖然和滬港通相同，即深股通 130 億，港股通 105 億，但是總額度不設限制，這一點比較關鍵，有利於增量資金長期的運作，與此同時，滬港通也取消了總額度限制。

從上市公司的組成結構來說，深圳交易所與上海交易所存在明顯不同，相對於滬港通的上交所標的主要由大盤藍籌股構成，深交所中小盤成長股比重相對高，而且，高科技、互聯網、文化傳媒、醫療保健等戰略性新興產業上市公司更為集中，這些都是符合中國經濟轉型

升級方向的重點扶持產業。在傳統行業增長下滑的背景下，戰略新興產業領域的上市公司正好填補了缺口。如果說滬港通的啓動主要打開了海外投資者投資國內大盤藍籌股的機會，那麼深港通將打開海外投資者投資國內成長股的大門。

雖說市場有擔心說深市的中小盤股票市盈率普遍較高，相對港股來說並沒有估值優勢，但從 2016 年第三季報披露的整體情況看，隨著開始有經濟數據顯示中國經濟可能逐步見底，A 股整體業績出現了穩步增長，這將逐步消化高估值的負面影響。考慮到中國各項改革推進的決心，資本市場受政策影響的明顯特徵，加上利率仍處於低位，以及企業成長形成的估值承托防線，A 股有望在深港通的刺激下有較利好的表現。

既然從政策上可以見到市場開放後融通的裨益，這是否意味著深證指數有望出現上證指數般的「牛」呢？通過對比上證指數的走勢，我們發現深圳市場實際比上海市場的走勢更為強勁。這應該是和深圳市場代表新興產業的成長股占比高有關，此外深圳市場股票市值相對較小也使其更易獲得估值溢價。我們通過分析深證綜指月圖看到，深證綜指走出了長期的大牛市，兩波明顯的升幅出現在 2006—2007 年和 2014—2015 年，牛市上升之後伴隨的是調整，調整期間指數波動均在此前的上升範圍內。從技術上可以看出後面兩波調整均為三角形整理，三角形一般是趨勢的中繼形態，考慮到股市的長牛趨勢，再一次突破三角形上軌將在技術上確認新一輪牛市的到來。如果出現遇阻回落，那麼月線的承托位將提供更佳的建倉位置，因為從週期分析中，最終突破阻力上行仍存在大概率。

總括而言，無論是滬港通還是深港通，都是延續國內金融市場開

放的積極利好。而這些利好，除了會給兩地帶來本文中所討論的可能發生的市場反應，更重要的是對於香港在中國和國際金融市場中所扮演角色的影響。迴歸踏入第十年的香港，如何利用好自身的優勢以配合國家的利好政策，才是香港未來整體發展的主題。

香港與深圳互聯互通的策略和建議

深圳前海管理局香港事務首席聯絡官
深圳市政協委員　　　　　　　　　　洪為民

　　深圳前海是國務院明確的中國金融業對外開放的試驗示範視窗和跨境人民幣業務創新試驗區，金融創新將是前海和其他自貿區實現差異化發展的重要領域。前海在金融創新方面，可以借著香港金融中心優勢，通過金融開放和創新，打造深港共同資本市場，與香港共同發展，為香港金融業注入新動力。

　　前海在金融創新上走在前沿，根據前海管理局資料，深圳九成互聯網金融企業集聚在前海。同時，前海跨境人民幣貸款增長迅速，截至2016年3月底，備案金額合計911.8億元，累計提款金額達228.3億元。最近，赴港發行人民幣債券取得實質性突破，前海金融控股有限公司成功在港發行10億元債券，令投資者非常關注。

　　前海外商股權投資企業試點企業也正在增加，目前已達63家，境外募集並回流資金35億元。前海的合格境內投資者境外投資試點進展良好，首批8家獲得試點資格的企業，額度達到了10億美元。

此外，前海外債宏觀審慎管理試點亦已經啓動，目前已有首批 5 家前海企業辦理了外債登記手續，簽約金額為 2 億美元。前海金融及類金融企業加速聚集，截至 2016 年 3 月底，前海金融及金融配套服務機構將近 1.5 萬家，占全部入區企業的 56%。另外，截至 2016 年 4 月，在前海的工商註冊的企業名稱裡帶互聯網金融的有 986 家，其中支付企業有 49 家，眾籌有 11 家，數據類企業有 63 家，徵信有 6 家，要素交易平臺有 18 家，占深圳市互聯網金融企業的 90%。可見前海是金融創新的一個重要區域。

在互聯網金融上，前海發展扮演著三個重要角色：第一是產業創新先鋒區，第二是規範運行法制區，第三是跨境流動試驗區。當中包括微眾銀行、360 支付、平安眾籌、騰訊徵信、中順易互聯網信託平臺、農產品交易中心及碳排放權交易所等。現時碳排放交易所允許境外投資者參與投資交易，這是全中國唯一一個開放試點。

由於香港的金融科技人才一向都能夠與國際接軌，筆者認為香港在互聯網金融的開放標準、平臺及界面方面，可以扮演舉足輕重的角色，透過深港在互聯網金融上合作，有望在其他自貿區複製成功的經驗。令深港在互聯網金融的四個範疇上，包括資料創新、帳戶創新、技術創新、文化創新，取得新的突破，借著「一帶一路」的商機，發展各種多創新商業模式，並推展到國外的經濟體。

故此，香港企業如何利用前海金融創新中利率、匯率、資本項目開放的獨特利好，結合企業實際，在有效的時間視窗內獲取更好的投資收益，是深港融合的核心問題。

前海現在聚集了完整的金融業態，上下游產業鏈也可以在前海找得到。其所面對的最大挑戰是如何維持著不斷創新，借著深港現代服

務業合作引入更多大型企業，借此吸引更多的相關企業進駐，從而令產業鏈條更豐富，形成新的核心競爭力，發揮更高效的聚群效應。

前海與港交所展開合作設大宗商品交易平臺

如今，前海管理局現已與港交所（00388）簽訂合作備忘錄，探索雙方在金融服務、金融創新等領域的合作。港交所行政總裁李小加期望在內地建立一個規範、透明、可信賴的、有實物交割體系和倉儲體系的大宗商品交易平臺，有效服務實體經濟。

港交所透過與前海管理局簽署的合作備忘錄，發揮前海深港合作區的政策優勢，為雙方共同推動大宗商品交易平臺在前海深港合作區落戶，以及未來的營運方向奠定重要基礎。這也是港交所發展大宗商品業務其中的一個核心戰略。

這個交易平臺將會建立一個類似倫敦金屬交易所的倉儲模式，用以支援現貨金屬交割，確保金屬價格不會與基礎經濟脫節。平臺亦有意引入深圳市政府作為股東，為未來發展內地、香港交易商品而鋪路。

因此這個交易平臺將聘請100名員工，港交所期望很快推出平臺。當中大宗商品交易平臺會先從基本金屬交易開始推出，然後擴展至有色金屬交易，而交易合同將以人民幣計價。港交所期望平臺日後能與LME聯結起來，從而允許境外投資者投資內地現貨金屬市場。港交所會尋求吸引銀行和對沖基金，參與這個直接交易現貨金屬的平臺。

事實上，伴隨前海的金融創新政策，目前前海蛇口自貿片區內有

銀行金融機構62家、證券金融機構66家、保險金融機構23家，以及40,000家創新型金融主體。

2013年1月推出的跨境人民幣貸款，是前海金融創新的重要一步。至今，前海跨境貸款累計備案金額逾1,000億元，提款金額逾356億元。前海企業辦理了逾20筆外債試點業務的登記手續，簽約金額逾10億美元，把平均融資成本降至3%至4%。

至於境外股權投資方面，截至2016年6月底，前海合格境外有限合夥人（QFLP）試點管理企業有106家、基金20家，累計註冊資本逾267億元，2016年1月至4月新增五家基金，新增規模35億元。已經有41家前海企業獲得合格境內投資者境外投資（QDIE）試點資格，累計備案35家，獲批額度高達9.6億美元，實際使用額度逾九成。

此外，全國首家《內地與香港關於建立更緊密經貿關係的安排》（CEPA）框架下的港資控股全牌照證券公司和基金公司、全國首家社會資本主導的再保險公司、深圳首家臺資法人銀行、全國首批相互制保險公司、全國第二家互聯網保險公司、全國首家民營小額再貸款公司和證監會系統唯一一家信用增進公司，相繼於前海成立，不同的金融創新為前海帶來不少活力。

再加上，前海銳意成為金融中心，為了進一步推動金融的發展，加強與世界級金融樞紐香港的聯繫，前海管理局屬下的前海金融控股有限公司（前海金控），已分別與香港上海匯豐銀行和東亞銀行（00023）達成協議，並計劃共同在深圳前海組建全牌照合資證券公司。

要瞭解這項金融創新的背景，大家可以留意一下CEPA補充協議

十的新安排。根據 CEPA 補充協議十就擴大證券經營機構對外開放的指引，任何符合設立外資參股證券公司條件的港資金融機構，均可按照內地有關規定在上海市、廣東省或深圳市各設立一家兩地合資的全牌照證券公司，其中，港資合併持股比例最高可達51%。

他們還可以在一些實行金融改革先行先試的試驗區內，各新設一家合資全牌照證券公司，港資合併持股比例則須不超過49%，並且取消內地單一股東須持股49%的限制。

有見及此，前海金控與匯豐銀行有意組建的證券公司將由匯豐銀行控股，持股比例為51%。至於與東亞銀行組建的證券公司則為內資控股。東亞與前海金控合作協議簽署後，將盡快提交申請所需文件，以盡早取得監管當局審批，待獲得監管機構的批核後，新成立的全牌照合資證券公司即可在中國內地提供全面的投資銀行及證券服務。

事實上，前海金控此次計劃成立的兩家證券商均為全牌照合資證券商。所謂全牌照，是指同時擁有經紀業務和投行牌照的機構，而現時多數外資、合資證券商公司僅持有投行牌照。

前海金控引進港資合辦證券公司，是受到港資銀行健全的公司管治體制、多元化的客戶資源、出色的風險管理能力，以及國際化的業務營運經驗所吸引，為未來合資證券公司發展提供較穩妥的保障。由此可見，香港作為區域國際金融樞紐的特殊領導地位，是毋庸置疑的，這也是香港特殊的競爭力。

此外，中國證監會亦正計劃推出一系列的措施，以支持前海在資本市場上開放創新發展，並參考對上海自貿區實施金融扶持的政策，根據相應的安排在前海予以試驗和實施。

以上各項金融創新安排，都是資本市場對外開放和國際化的重要

舉措，建設跨境金融基礎設施，以及逐步放開與海外交易所互通也是未來可能的發展方向。期望屆時前海將會扮演更重要的深港金融樞紐角色，在互利共贏的基礎上促進兩地的可持續發展。

深港可借前海增強創新

除了前海與港交所展開合作設大宗商品交易平臺之外，前海對港的優惠土地政策，也有助於香港在土地上的擴容，以及通過前海的深港現代服務業合作，促進深港兩地的創新產業發展。

在 2016 年出爐的 INSEAD 全球創新指數：內地排名第 25，在中高收入地區中排名最高，效率比為 0.9，全球排名第 7；香港則排名第 14，在東南亞、東亞排名第 3。報告的結論包括：①通過全球創新避免陷入持續低增長模式；②有必要採用注重全球創新的思維模式；③對新治理框架進行討論，創新正在變得愈來愈全球化；④對於建立完善的創新體系，不能通過刻板僵化的途徑實現，激勵創新的舉措和創新的空間發揮著重要作用等。

這幾點是值得大家深思的，筆者相信透過前海的深港現代服務業合作，可借著深圳高端技術人才為香港增容，而前海對香港的優惠土地政策，也有助於香港在土地上的擴容。

今天中國經濟發展已經進入新常態，經濟由飛速增長變成平穩增長，國家要避免進入中等收入陷阱，就需要積極尋找新的經濟增長點，開拓新市場，開拓新產品。所以國家積極發展「一帶一路」新市場，同時推動產業的升級轉型，實行供給側改革。面對全球資源愈來愈匱乏的今天，國家也積極投入探討具顛覆性質的新經濟，期望資

源可以更有效利用之餘，增加市民生活上的便利，為人民帶來更美好的生活。例如拼車軟件就是用有限的交通資源去服務更多人。又例如，互聯網金融可以通過微資金的協助，幫助創業者達成夢想，在市場上測試水溫。

其實在電子商貿迅速發展的年代，深港可否探討以創新的思維，用創新的方法進行更多跨境合作呢？例如促進跨境的人流、物流、數據流、資金流，是可以探討的方向，利用深港各自優勢，一同做出具影響力的社會創新，並在人才發展、強化供應鏈、融資槓桿及開發市場上產生協同效應，相信會大大增強彼此的創新能力之餘，也會提高創新效率。

筆者相信社會宜具備跨地域的思維，深港一同借粵港澳大灣區經濟，一同開發「一帶一路」市場。香港的專業人士如會計師、律師、工程師和內地企業一同走出去，並一同拉攏當地資金進行共同投資，以香港作為資金及信息交換基地，深港可考慮一同建立新電子貿易規則。

現時，前海管理局也積極促進不同方面的深港合作，包括人才上的合作，例如人才掛職、實習計劃、專業人士執業；法治上的合作，如國際仲裁員、港籍陪審員；產業上的合作，例如金融准入政策、現代物流、優惠目錄內的產業稅務優惠；土地開發建設上的合作，如港式設廠管理服務、港貨中心等。

筆者認為要創新，就需要一定的彈性，如果我們有突破地域、接受新思維的胸襟，相信會相得益彰！就讓深港一同增加創新能力，在世界舞臺上大放異彩！

推進深港大數據合作

在粵港澳大灣區經濟下,深圳及香港應加強現代服務業,尤其是在創新科技上的合作。事實上,深圳是內地最多創新民企及人才的創新城市,香港是亞太區信息科技基建首屈一指重要的資料樞紐,因此深港兩地各具實力及優勢,有著不少合作的空間。

筆者深信外資企業要進軍內地市場,首選是深圳。由於前海是深港現代服務業合作區,擁有金融、訊息服務及專業服務業等准入優勢,是理想的落地點。而香港是內地企業走出去的最佳「踏腳石」,因為香港專業人才熟悉外地市場,而且對市場的反應也十分敏捷。

有見及此,為促進深港兩地專家在數據科學上的交流,開展深港大數據具體工作,華人大數據學會、深圳市信息行業協會、互聯網專業協會、深港科技合作促進會、前海管理局轄下的前海國際聯絡服務有限公司、深港科技社團聯盟、雲端與流動運算專業人士協會,特別發起籌辦深港大數據聯盟。聯盟雲集了深、港兩地優秀的數據專家及信息科技界人士。

其目標包括:定期就大數據的科學及應用作交流、研究,制定深港大數據標準及數據交換規則;支援設立深港跨境大數據平臺;研究深港大數據應用,促進智能城市的發展及應用科學技術作社會創新。聯盟已在前海舉行的首屆深港大數據論壇上正式成立,並得到深圳市經濟貿易和信息化委員會副主任賈興東,以及香港政府信息科技總監楊德斌見證。

當日論壇邀請騰訊控股(00700)、阿里巴巴一達通及優步

（Uber）等知名企業代表分享其大數據應用。

此外，深圳市市場稽查局分享政府部門如何利用大數據打假；深圳市交通警察局代表分享如何利用大數據手段改善交通。筆者認為要促進智能城市的發展，達至以人為本的社會創新，讓人民的生活更美好，不僅需要智能基建，而且需要技術及數據科學的配合，讓不同的人可以共同參與進來，研發出更多能夠方便市民生活的產品應用。

現時智能城市的缺點是太著重技術，忽略了以民為本的因素，所以必須要努力補足這個缺點，透過數據、科學技術及平臺，配合創新的企業家思維，官產學研的參與及協作，讓民眾在智能城市中擁有更美好的生活。

展望未來，筆者將積極推進深港大數據聯盟的實際工作，包括：定期安排數據科學交流會議；主辦以深港大數據為主題的論壇活動；在社會上倡議不同的大數據應用。另支持與智能城市相關的大數據應用，以及招募更多志同道合的專家或協會加入聯盟。要推進聯盟的工作，需要深港兩地專家一同集思廣益。

積極推行人民幣國際化

十八屆五中全會通過的「十三五」規劃建議中，提出加快前海等粵港澳合作平臺建設。當中深圳把前海作為落實「一帶一路」戰略、自貿區戰略及創新驅動發展戰略的綜合性平臺，促進金融創新、科技創新、產業創新的互動融合。

其實，前海蛇口自貿片區已經正式掛牌超過半年。前海憑著敢於試驗及不斷創新的態度，至今已有73項改革創新成果，當中31項更

被納入《廣東自貿試驗區首批 60 條創新經驗》。

前海的改革創新主要涵蓋四個方面，包括投資貿易便利化、粵港合作、業務創新及加強事中事後監管。由此可見，前海在建設粵港澳合作平臺上做出了較大努力。

前海不斷改善行政機制，便利投資貿易。例如省政府簡政放權，下放 60 多項管理事項給自貿試驗區管委會承接。在管理時效方面，前海亦朝著行政管理統一、自貿試驗區港區統一運作的目標進發。當中營業登記製度已實現「三證合一」「一照一碼」改革；外商投資也實行「一口受理，六證聯辦」的工作機制。在管理模式方面，前海開展信息化管理改革，率先推行統一、標準規範的電子營業執照，並推行商事主體電子證照卡，全面聯網加工貿易手冊資料傳輸，提升了審批、查驗、許可等項目的效率。

粵港合作是前海的重點，為香港創業青年打造創業平臺。以前海深港青年夢工場為例，約有一半團隊來自香港。

另外，有鑒於香港企業在「走出去」和「請進來」過程中可能不熟悉內地法律法規，自貿片區設立了中國港澳臺和外國法律查明研究中心及粵港合夥聯營律師事務所，以協助港企能夠順利成立和營運。目前，港資港企港貨交易中心正在建設，在前海備案的跨境電商企業也上百家，加上粵港檢測結果可以互認，方便港貨通關。

另外，前海也發展創新業務，例如積極推行人民幣國際化。前海率先啟動了服務業電子支付及結算服務平臺，完善跨境電商結算的陽光通道。前海也成跨境人民幣業務試點，包括發行跨境人民幣貸款（截至 2015 年 9 月末，累計提款金額為 314.7 億元）、境外發行人民幣債券（深圳前海中小企業金融服務有限公司、前海金融控股有限公

司赴香港分別發行30億元、10億元債券）和跨境人民幣信貸資產轉讓業務。前海也成外商投資股權投資試點（QFLP）及合格境內投資者境外投資試點（QDLP）。

前海為統一各部門的監管信息，借雲計算、大數據技術去實現事前指引、事中事後嚴密監管的高效行政模式。同時，前海建設社會信用體系，打造政府主導、市場運作這個模式，協助公共事務與商業有機結合。

在建立集中統一的智慧財產權執法體系方面，前海亦正協調解決智慧財產權刑事保護的立案舉證困難、訴訟週期過長等問題。

從以上四個方面，前海蛇口自貿片區的努力是有目共睹的，尤其是在業務和製度改革的道路上，不斷推出新的措施。相信在「十三五」規劃中，前海蛇口自貿區會繼續努力，不但為粵港澳大灣區經濟做貢獻，更積極探索與「一帶一路」策略相關的各種機遇。

前海加快保險業創新

中國保監會現已推出了《關於深化保險仲介市場改革的意見》，提出培育國際競爭力的龍頭型保險仲介機構，並首推獨立個人代理人製度，鼓勵自主獨立個人代理人創客。對此，深圳前海蛇口自貿片區希望建設國際化保險創新中心，使前海成為全球重要保險風險集散中心，為保險業帶來活力，當中，前海保險交易中心更推出了全國首個保險創客仲介平臺。

前海保險交易中心是中國保監會認可的獨立協助廠商進行保險交易平臺，它如同一個電商平臺，各種保險產品和創新型的保險項目都

可以在平臺上掛牌或交易，方便一站式處理下單、售後及理賠等服務。這個保險創客平臺，採用社區化的網路微門店模式，令保險獨立代理人製度更有效地落地。

具體而言，消費者可以通過創客仲介平臺直接發布需求，選擇附近或者口碑評價優秀的獨立代理人。而這些代理人將代表保險消費者，從開放平臺海量的產品庫中，根據客戶需求推薦適合消費者的保險產品，甚至量身訂制個性化產品，相信這有利於體現使用者的利益和保險訴求。

現時，全中國共有保險專業仲介法人機構2,000多家，保險兼業代理機構約21萬家，保險銷售從業人員500多萬人，但整體而言，目前仍欠缺獨立代理人的行業標準。前海保險交易中心為了成為未來保險交易所的典範，制定行業標準是無可避免的發展方向。

事實上，前海保險交易中心這兩年已進行互聯網保險創新，組建了保險交易大數據，推進了雲平臺的建設，一旦拿下保險交易所的牌照，就可馬上推進保險交易數據庫的建設。通過大數據，可以隨時掌握保險交易情況、違規提示，高效防止交易風險。大宗保險交易也可以在平臺上掛牌交易，整個流程會更透明，競價趨向於合理。除了各級政府可以採購大宗保險的招投標外，企業和行業會員也可以開展保險團購，為個性化的保險提供交易平臺。

此外，前海保險交易中心還承擔了深圳市政府巨災保險的研究課題，仲介平臺也可透過「政府+機構+個人」的眾籌方式籌集巨災風險基金再加以運作，為中國巨災保險缺乏社會參與度問題提供瞭解決途徑。目前，該平臺已簽約深圳市軟件行業協會等幾十家，旗下會員企業約1.6萬人，另外獨立簽約企業會員上千家。目前平臺已經開始

了獨立代理人的培訓活動。這批代理人創客將通過培訓考試獲得資格，今後將在創客平臺上實現個體創業。

目前，前海已經入駐15家持牌保險機構總部，是入駐保險機構總部最多的國家級平臺。其中包括一家壽險公司、一家產險公司、一家控股公司、一家互聯網保險公司和三家保險資產管理公司，另有保險仲介法人機構八家，保險總註冊資本超過400億元。2014年，保險業增加值為47億元，占前海GDP的比重達到25%。

為進一步豐富和完善深圳保險市場體系，促進前海保險創新，下一步，前海將創新發展航運保險、物流保險、融資租賃保險、郵輪遊艇保險、海上工程保險、大型海洋裝備保險、海外投資保險和海外租賃保險等新型保險模式。

綜合而言，未來深港的互聯互通，主要有六大方向。首先深港合作，必須先行端正態度，雙方均不亢不卑。現今世界早已不是純粹城市與城市之間的競爭，而是城市群與城市群的競爭。深港合作不應抱著競爭心態，而應尋求相互協作，優勢互補。深港的合作和發展，香港不但是一個走出去的引路者，也能在深港合作下成為「一帶一路」的超級聯絡人，並在國際貿易、融資併購、數據平臺、技術合作、跨境基建、調研六大範疇上，發揮深港澳合作與發展的重要效用。

「一帶一路」是國家大戰略，在走出去路途中，深圳可以利用香港的資源、人才和經驗，形成一個跨境、跨行業的平臺，進一步推動內地企業走出去，避免走歪路。相信香港能夠扮演引路者的角色，聯繫「一帶一路」的國家。筆者認為以下六大方向值得深港一同思索。

一、共建貿易規則。在國際貿易方面，深港可考慮共同建立一套可複製的貿易規則，借助廣東省自貿區的先行先試，進一步發展不但

能夠與國際貿易接軌，又能得到各國歡迎的規則。例如在跨境電子商貿上，深港可以一起訂立新的規則，探索能夠得到市場和客戶支持的方案，做到「獲客、獲市、獲支援」這個目標，一同打造成為亞太區電子商貿樞紐。

二、借併購走出去。在金融融資方面，我認為內地中小企業不但可以借香港平臺作融資，進一步壯大，更可以透過併購走出去。加上香港是最大規模的人民幣離岸中心，而離岸人民幣的在岸點，深圳前海也是最自然的選擇。深圳進一步發展跨境人民幣業務，加強深港合作，相信對兩地的經濟發展均有利。

三、共建數據平臺。深港可以一同制訂一個深港大數據平臺和數據標準，並期望這個標準未來更可以應用於中國內地的其他自貿區。這個數據平臺不但要有對外開放的界面，令政府、大企業和中小企可以一同參與，更可以讓深港一同投入數據，取得數據，分析數據，應用數據。此外，筆者認為可以考慮借用前海深港現代服務業合作區的先行先試優勢，建立一個數據特區，促進跨境海量數據交流，並成為對外信息開放試點，和海外接軌。

四、配合技術人才。在技術合作上，深港應該充分利用深圳的創新技術累積和人才，配合香港在資金、國際視野和市場觸覺的優勢，打造出具創意、吸睛力較高的產品和服務，產生更多協同效應。相信這對提高香港的創新能力會有正面作用，也能促使深港一同創造受到海外市場歡迎的產品和服務。

五、發展西部鐵路。跨境基建也是見證深港合作的重要一環。有鑒於現時的深港鐵路交通主要集中在香港的東面，西面仍未有鐵路開通，而香港和深圳的機場卻同樣位於東面，如何開發深港西部的軌道

交通，值得探討。只有這樣，才能促進兩地的人流、物流、資金流的融合，進行更深入的合作，提高深港在物流業的核心競爭力。

六、尋求智庫協作。在調研合作方面，我認為深圳的研究機構可考慮在香港設立智庫，或尋求與本地智庫協作，並聯繫上國際智庫，深化深港研究的內容，一同提供更具國際視野的政策建議，相信這對未來「一帶一路」會有所裨益。

現今世界經濟東移，國家開展「一帶一路」戰略，是天時；深圳和香港同時是國家「一帶一路」的戰略支點，占了地利；希望深港能夠在包括以上的六個方面全力合作，調整心態，同創共贏，就能達到人和；把深港打造成為「一帶一路」超級聯絡人，對兩地發展都是絕對有利的。

從跨境資本流向看金融格局演進

東英金融集團總裁　張高波

首先需要說明的是：跨境資本流動和國際金融格局是一個巨大的話題，我要和大家分享的，僅僅局限在與中國相關的跨境資本流動和與之相對應的國際金融格局。

中國與國際資本發生關係，始於 20 世紀 70 年代開始的改革開放。

當時的情形是這樣的：中國剛剛開始把工作重心從政治鬥爭轉移到經濟建設上來，百廢待興。雖說中國有大量廉價的土地、豐富的自然資源以及成本低廉、勤勞苦幹、懷揣強烈致富衝動的巨大勞動人群，但苦於沒有資本、技術、管理以及產品銷售渠道，經濟建設無從起步。與之相對應的是，國際製造業轉移到亞洲已經多年，「四小龍」的土地和人工成本居高不下，正在努力尋找新的生產成本窪地。鄧小平的偉大之處就在於，他看到了這一大格局下，中國的機遇和挑戰，毅然決定對外開放，用引進外資的方式，啓動中國經濟的「發動機」。從此，中國經濟開始與國際資本對接，也開始影響和塑造新的

國際金融格局。

中國經濟與國際資本的對接

要想對接成功，必須有共同認可的接口標準和與之配套的金融基礎設施。為了對接成功，中國和國際社會都開始為此做準備。

中國為了吸引外資，就得按資本的意志做好自己的接口。首先，從觀念上統一認識，在全國樹立「招商引資」光榮的觀念。各地政府出抬各種招商引資獎勵辦法，招商引資成為經濟工作的重中之重。其次，在財經製度方面，做了大量的基礎建設。先後出抬了「中外合資企業管理辦法」「外債管理辦法」「海外上市管理辦法」「公司法」等法律法規，並大幅修訂中國的會計製度，向國際會計準則看齊。

海外資本市場，也為抓住中國機會，做了大量的調整和準備。首先在觀念上，認可改革開放之後，中國有巨大的機會！其次，在製度安排和人才配置上，也做了大量的準備。比如：為了抓住中國機會，外資機構雇用了大量的中國海外留學生，在全國各地尋找投資機會；同時，在海外雇傭和培訓了大量的專職銷售人員，專門銷售與中國相關的金融產品；在香港，雇傭大量的設計開發人員，把中國投資機會，變成海外投資者可以接受的金融產品，然後賣給世界各地的投資者。

舉個例子：1992—1993 年中國企業剛開始在香港發行 H 股時，內地還沒有公司法。今天的人們很難理解沒有公司法，怎麼能夠上市呢。但當時的先驅們，就是在這樣的情形下開啓了中國的資本大門。沒公司法怎麼辦？香港交易所就要求每家發行 H 股的公司，必須在

自己的公司章程中，加入一些必須要有的條款，在當時叫「必備條款」。這一產品的設計和實施，就叫對接。從此，海外投資者，通過認購在香港交易所上市的H股，把資金投到了中國企業。

經過30多年的交互影響和演化，中國和國際金融市場之間，形成了這樣一個格局：以香港為樞紐，有兩個喇叭口，一個喇叭口朝向國外，一個喇叭口朝向內地。朝外的喇叭口，通過銷售中國金融產品，源源不斷地把海外資金匯聚起來，再通過朝內的喇叭口，把資金投到中國的大江南北。

這一資本的單向流動，持續了30年，造就了中國的經濟奇跡，造就了香港國際金融中心的崇高地位，也造就了千千萬萬的成功企業。當年我們公司參與了第一批H股在香港的上市工作，主導了第一隻「紅籌股」的香港上市，也就是北京大學創辦的「北大方正」。那是真正意義上的「紅籌股」，即把內地資產注入香港註冊的殼公司，而後用香港這家註資後的公司，在港交所上市。這期間面對的各種製度挑戰，一言難盡。所幸的是，這一實踐，為後來的內地企業上市，開闢了一條康莊大道。前幾年，為了方便海外投資者投資中國的證券市場，我們和南方基金合作，打造了全球最大的RQFII ETF平臺。

俗話說：「三十年河東，三十年河西。」過去30年形成的金融格局，近來發生了乾坤大挪移。中國不知不覺間，從一個資本的引進國，變成了對外投資大國。投資形式也從外管局單一的購買美國國債，變成各行各業五花八門的多種形式。從大國企的海外大併購，到小老板們的海外作坊，從長線直接投資，到短炒的金融投資，直到今天的QDII、滬港通等。

這一資本轉向，背後有不可逆轉的巨大推力。中國是世界上儲蓄率最高的大國，多年經濟發展，累積了大量的財富儲蓄。中國作為世界工廠，原料和市場必然依賴海外。企業大到一定規模，也必然向全球尋求技術、品牌和市場。最近一兩年，又增加了兩個重要的推力。一是中國A股上市公司，因為估值明顯高於全球平均水平，有購買海外低市盈率資產的強烈衝動。二是中國的證券投資者，在A股不會大漲、人民幣預期貶值、分散風險等綜合因素的影響下，產生了全球配置資產的強烈意願。

乾坤已經挪移，潮流已經轉向，兩個喇叭口的資金流向，從單向流動變成了雙向流動。各方都準備好了嗎？

先看國內，觀念上還沒準備好。到底對外投資是該鼓勵還是該限制？對外投資的業績考核，是應該著眼於長期還是短期？是只注重財務回報，還是應該綜合考慮？⋯⋯引進外資政策，我們穩定了30年，對外投資政策卻朝令夕改，一會兒說人民幣要國際化，放鬆一下；一會兒又說要防止資本外流，嚴控一下。根上還是認知不統一。但什麼是潮流？潮流就是浩浩蕩蕩，順者昌逆者亡。中國人久貧乍富，還要花大量學費學習做個有錢人。既然中國變成了對外投資大國，對內的喇叭口有沒有把中國資本匯聚起來投資海外的功能？有沒有把海外機會說清楚的專業人員？有沒有適合中國人口味的海外投資產品？

老外也沒有準備好。引進中國人做股東，資本意志究竟如何？投票決策，是只看財務回報，還是有政治考慮？是企業自主決策，還是政府審批？投資偏好是什麼？老外還在猜，還在體會。回頭看香港，目前還嚴重缺乏能夠專注開發既能抓住海外投資機會，又能滿足中國人要求的投資產品的專業人員和組織機構。過去30十年，資本來自

西方，西方制定規矩，往後資本來自中國。那麼舊的規矩將如何調整？新的規矩會長成什麼樣？就像過去 30 年一樣，潮流推動變革，變革強化潮流。今天新的潮流來了，我們該怎麼辦？

互聯互通潮流下香港基金業的新機遇

在互聯互通的大潮下，業界迎來不少新的機遇。

以香港基金業為例，過去二三十年，由於大中華證券市場的高速發展，海外培育了大量的與中國相關的基金經理。他們之前大多供職於外資金融機構。金融危機之後，外資機構收縮規模，很多基金經理感到上升空間有限，在當前萬眾創業大潮的推動之下，紛紛離職，創辦自己的基金管理公司。另外，國內大量的私募基金經理，累積了相當豐富的投資者基礎和投資經驗，也開始把觸角伸到了香港，旨在幫助中國人投資海外，或幫助已經出境的中國資金再通過 QFII、RQFII 或滬港通投回內地，或在香港投資海外上市的中國企業，希望在香港累積具公信力的業績證明之後，進而爭取管理全世界的錢，在全世界投資。

很多海外大型投資機構，也正是先從管理國內人資金在國內投資，進而管理國內人資金在海外投資，最後才管理全世界人的錢在全世界投資的。海外被證明成功了的發展道路，正是中國創業者的夢想。在這一大背景之下，香港持有資產管理牌照的公司數目，從 2010 年年底的 798 家，增至 2015 年年末的 1,135 家，這是獲得批准的牌照數目。還有成千上萬未獲批准和準備申請的，其中很大比例的申請者都來自內地。

但是，內地的基金管理人想要獨立在海外設立一家基金管理公司，是有成本和限制的：至少要兩名持牌負責人，還要有基本的輔助人員，還要自己去面對交易商、託管行、清算所、審計機構、監管機構等。在一個自由市場，按道理應該有這樣的專業服務平臺，為這些創業的基金公司，提供包括風險控製服務、合規營運服務、全面的中後臺服務、引進資本服務等，讓基金經理們把精力專注於投資上。但事實是，香港作為全球領先的國際金融中心，卻沒有這樣的專業機構。

究其原因，可能有以下幾點：第一，過去幾十年，資金主要來自海外，能來到香港的外資，都是大行，每家都有自己獨立的營運系統，對公共平臺沒有足夠需求。第二，這是十分專業的服務，要非常熟悉海外監管要求及市場營運實踐，沒有多年經驗累積，難以提供高效的專業服務。外資行經驗豐富，但大多處於收縮期，無意拓展新業務。在新的跨境資本流動趨勢下，這一市場基礎設施的缺失，其實帶來了不少新業務的機會。我們可創辦一個平臺，一次性服務於眾多基金管理人，通過模塊化整合，提升整個服務鏈效率，減少從業者的時間和財務成本。

30年前開始的「招商引資」大潮，造就了無數英雄。新的機遇呼喚著新的英雄。我們今天期望著和廣大新銳的基金經理一起，把中國人的錢管好，將來把全世界人的錢也管好，隨著中國崛起，重塑國際金融大格局。

三、「兩通」之後往何處去

迴歸金融本質，服務實體經濟

全國政協常務委員會委員
中國人民政治協商會議上海市第十二屆委員會副主席

周漢民

當前國際社會中的金融體系是否還遵循著金融的本質？

金融的本質是什麼，運行於當前國際社會中的金融體系是否還遵循著金融的本質？這是一個很值得探討的問題。

從 2008 年至今，由美國次貸危機引發的全球性金融危機影響深遠，世界經濟陷入發展泥潭，引發了社會各界，尤其是各國政商領袖、業界首領們對個中原因進行深刻反思和探討，並取得了積極成果。當前，國際經濟形勢仍然不容樂觀，再加上歐洲債務危機的蔓延、貿易保護主義的抬頭、恐怖主義襲擊的增加等許多不確定、不穩定因素的影響，全球實體經濟復甦緩慢。金融與實體經濟密切聯繫，互促共生，脫離實體經濟的金融是無源之水、無本之木。

在我們對危機本身進行反思的同時，更應該對金融的本質進行追

溯，究其根本含義，察其終極目標，觀其與實體經濟的聯繫，使之能夠更好地服務實體經濟。

究其根本，金融的本質可以解釋為「資金的融通」。雖然世界銀行曾給出過一個較為寬泛的金融定義，認為金融既包含在一般層面上對商品勞務的資金轉移服務，也包含在更高層面上對某一經濟體中金融安排的基本經濟職能的履行支持，如動員儲蓄、配置資本等。但本質上，金融可以看作人們用以在不確定環境下對資源（可以看作「資金」）進行跨時空配置（可以看作「融通」）的手段和媒介的有機整合體。金融不是為了自身發展而發展，金融的發展最終要促進經濟的發展，通過建立起一個有效的金融體系來降低隱性交易成本和風險，提高實體經濟發展的投融資效率，最終促進社會福祉的增長。

金融的演進與實體經濟的發展應該是循環互動的

金融的演進與實體經濟的發展之間應該是一個循環互動的聯繫，其具體表現為：實體經濟發展有助於金融產業的演進，而金融產業的演進又有助於加速實體經濟的增長和經濟結構的調整。金融發展的目標不是通過金融產業本身的數量、規模的增長來實現的，而是通過其所承載的金融功能的演進對實體經濟服務水平的提升來實現的。因此，金融與經濟體現了一種雙向關聯。一方面金融因經濟的需要而產生，依賴於實體經濟的發展。經濟對金融起著引導、制約和決定性作用，體現在以下三點：

第一，實體經濟為金融市場的發展提供了物質基礎。金融發展無法獨立於實體經濟而單獨存在。第二，隨著整體經濟的進步，實體經

濟也必須向更高層次發展，並對金融市場產生了新的要求。第三，實體經濟是檢驗金融市場發展程度的標誌。金融市場的出發點和落腳點都是實體經濟，即發展金融市場的初衷是進一步發展實體經濟，而最終的結果也是為實體經濟服務。因此，實體經濟的發展情況如何，本身就表明了金融市場的發展程度。曾經，冰島政府破產就是金融業畸形發展導致的惡果，所以，實體經濟是金融業發展的最終根本。

另一方面，金融自身的效率安排也決定了經濟的發展績效，決定了社會福祉的增長效率，具體而言也有三個關鍵點：

第一，金融業的發展影響實體經濟的外部宏觀經營環境。外部環境包括全社會的資金總量狀況、資金籌措狀況、資金循環狀況等。這些方面的情況，將會在很大程度上影響到實體經濟的生存和發展狀況。

第二，金融業的發展為實體經濟的發展增加後勁。實體經濟的發展隨時都需要資金的支持和金融血液的灌輸，借助各種各樣的途徑和金融工具，不僅可以分散實體經濟發展中面臨的風險，解決或緩解資金需求，更提高了實體經濟的發展效率。

第三，金融業的發展狀況制約著實體經濟的發展程度。金融業的發展過程經歷五個階段，即閒置貨幣的資本化、生息資本的社會化、有價證券的市場化、金融市場的國際化、國際金融的集成化等。事實證明，金融業發展的階段不同，對實體經濟發展的影響也就不同。現在，金融業不僅僅是作為實體經濟的後盾，更在諸多方面引領著實體經濟的走向。也就是說金融業發展的高一級階段對實體經濟發展程度的影響，總比金融業發展的低一級階段對實體經濟發展程度的影響要大一些。

正因為如此，我們應該清醒地認識到，雖然當前金融已經成了全球歷史上最為活躍、最具創新精神的市場，但在世界範圍內它的發展趨勢已經在很大程度上偏離了其應有的終極目標。資本化和證券化的泛濫，使得金融的發展已經脫離了「資金融通」的本質，背離了「服務實體經濟，促進福祉增長」的終極目標。金融體系成了投機炒作的手段和工具，投機套利成了金融活動的核心，為實體經濟服務卻正在淪為其附屬目標。金融業脫離實體經濟而過度地自我創新、自我循環和膨脹，社會資本脫虛，實體經濟空心化等問題嚴重制約著實體經濟的發展。只有正確處理好金融與實體經濟的關係，主動迎接改革的挑戰，金融才能為實體經濟提供更多的服務。

上海的產業發展要充分發揮金融對實體經濟的支撐和促進作用

作為國家定位的國際經濟中心、國際金融中心、國際貿易中心、國際航運中心、具有全球影響力的科技創新中心和現代國際大都市，上海的產業發展要求充分發揮金融對實體經濟的支撐和促進作用。上海市政府一直致力於金融市場建設，強調健全的金融市場體系應由間接融資向直接融資模式轉變，由簡單資金動員和分配向更複雜金融功能轉變，並通過金融市場的發展來內生出和創新實體相匹配的金融組織形式和金融產品，建立上海國際金融中心建設與實體經濟發展之間的協調機制，構建基於企業主體的金融產業政策，強化金融硬件與信用環境建設，平行推進傳統金融市場與民間資本市場的建設與監管，同時加強投資者保護與金融風險控製等，為實體經濟轉型發展提供堅實有力的支撐。

簡而言之，要推動金融服務實體經濟不斷取得新成效，要求我們的政策制定者、金融從業者，從針對金融服務實體經濟方面存在的問題入手，探尋切實道路，推動健全多層次資本市場體系，推動健全金融產品市場化定價機制，推動深化人民幣國際化水平，從根本上落實金融供給側結構性改革，積極圍繞「三去一降一補」，破除制約實體經濟發展的突出矛盾，圍繞「一帶一路」倡議深化改革開放，提高中國產業競爭力水平，實現「中國夢」。

而對於保護主義、極端思想日趨抬頭，區域治理趨於碎片化的全球經濟，要如何依託全球網路推動經濟發展，融合區域核心建立全球開放網路，加快金融體系改革，重振國際貿易和投資，這些問題的答案我們還在不斷尋找。但有一點我們可以肯定，那就是實體經濟與金融互為肌骨，互相支撐。只有推動金融迴歸本質，才能服務實體經濟，才能從根本上促進全球的經濟復甦和可持續發展，才能打造全球的「人類命運共同體」。

滬倫通將挑戰滬港通和深港通？

新浪財經香港站站長　彭　琳

　　中國政府推出滬港通、深港通，曾引發兩地金融界和普通投資者的眾多猜測。在內地，曾經有不少人一廂情願地認為，「兩通」最主要的意義是為波瀾不驚的 A 股市場引入海外「活水」，推動股指上行，但這樣的夢想並未成真，甚至隨著人民幣對美元貶值趨勢的加劇，資金的流動反而出現相反的方向。

　　在香港，則有許多人將其視作與 CEPA、自由行類似的送大禮。這種收禮心態令不少港人對滬港通、深港通的通車時間過度敏感，患得患失，將香港社會上出現的不少事情與之牽強附會，稍有風吹草動就擔心大禮會被收回。深港通臨近開通前，中英金融會議後傳出滬倫通加緊籌備的消息，立刻又引發了輿論關於香港市場被邊緣化的擔憂。

　　如果讀者用心，會發現在內地監管層的措辭中，深港通、滬倫通用得並不多，更常見到的則是「互聯互通」。事實上，「互聯互通」不是一個用於股市聯通的專有名詞，其概念的內涵十分深遠，是當前

國家和區域合作之中最主要的機制之一，涉及不同產業、不同領域。例如 2009 年 10 月東盟第 15 屆峰會就以增強互聯互通作為主題。而中國，在區域互聯互通中的核心樞紐地位也已越來越凸顯，近年來中國提出宏大的「一帶一路」倡議，其核心也正是互聯互通。

互聯互通放眼人民幣國際化

香港對於內地，除了是個受照顧的特區之外，更重要的是最大的人民幣離岸中心。香港自 2004 年已啟動人民幣業務，但由於長期的製度限制，大部分留存的人民幣資金僅是活期存款、存款憑證等形式，未能有效利用人民幣資源。滬港通、深港通的設計，正是以人民幣計價的形式，在封閉的資金循環通道中實現了人民幣穿越邊境，雙向流動。

人民幣的國際化，是與兩個互聯互通機制不可分割的進程，更是中國資本市場開放最主要的目標。香港作為境外人民幣最重要的中心，其人民幣存量比全球其他離岸中心加起來還要多，人民幣投資的需求最大，也因此才會被作為市場互聯互通首站，也是最重要的一站。

當然，滬港通和深港通並不是內地資本市場對外聯通的啟動點。例如 2002 年中國已經開始實施 QFII 製度，2011 年推出 RQFII 製度，隨後監管機構對 QFII 和 RQFII 的管制也在不斷放寬。在籌備深港通過程中，2016 年 9 月中國證監會宣布，為增加投資運作便利，引入更多境外長期資金，未來原則上不再對 QFII 和 RQFII 資產配置比例做出限制，海外資金的投資決策更加自由。

內地市場從與香港到倫敦等越來越多的境外市場建立聯結，到最終向海外開放市場，其過程也正類似人民幣國際化從國與國雙邊的結算開始，到貨幣互換，擴大到加入國際貨幣基金組織特別提款權並進一步讓匯率自由浮動。

無論是人民幣的國際化，還是資本市場的開放，在互聯互通的大藍圖中都可以分作兩個維度來考察。縱向而言，對於建立了互聯互通機制的市場，產品的種類、內涵不斷拓寬，資金流通的限制不斷放寬。橫向而言，中國將會主動推動互聯互通機制不斷地複製、調整並攜手更多地區的市場。

滬倫通是「兩通」下一步？

我們從兩個角度來看內地正在積極推動的滬倫通，會發現它既不是滬港通、深港通的翻版，也並不是對滬港通、深港通業務的挑戰和威脅。

首先，中國和英國處於不同的時區，兩地投資者不能如滬港通、深港通一樣全程同步交易，在結算、監管、交易模式和市場基礎設施方面，都無法照搬滬港通和深港通的做法。此外，中英兩地經濟的關聯程度和企業到對方市場投資的比例，也遠遠不能與內地和香港相比，兩通這樣將股市投資標的大規模開放給對方市場的投資者，在滬倫通中顯然也是並無必要的做法。

可以說，滬倫通的核心，將在於滿足、培育境外投資者對人民幣證券產品的投資需求，並讓兩國的投資者能夠投資並受益於對方市場企業的成長。

香港在內地與倫敦之間也發揮了互聯互通的橋樑作用。倫港通已經早於滬倫通展開實質性的推進，這一業務的重點在大宗商品領域上，主要內容包括在香港期交所與倫敦金屬交易所之間的交易通以及結算通。港交所在深圳前海地區建立的大宗商品交易平臺也於2016年上半年啟用，國家總理李克強更曾親臨指導。儘管該平臺目前僅服務內地客戶，但根據港交所的計劃，最終目標是打通從倫敦到香港內地的市場，成為三地通。

隨著滬倫通的開通，人民幣更多地被應用，外資擁有更多投資內地的途徑，香港作為金融機構總部和研究基地也會相應受惠。同時，目前香港和倫敦的兩地套利機制已經相當成熟，也有眾多外資參與，以後如果上海與倫敦股市打通，三地套利機制將更加完善，也對大型基金更有吸引力。

滬倫通當然也絕不會是互聯互通藍圖上深港通、滬港通後的唯一一步，市場互聯互通正在不同的角度上走出了許多步。2015年年底上交所、德意志交易所和中國金融期貨交易所已經共同在德國法蘭克福啟動了中歐交易所，目前掛牌了超過200只以人民幣計價交易的產品，以債券和ETF為主，未來會擴大到更多的金融衍生品。上交所和中國金融期貨交易所2015年正式開始聯合打造上海自貿區國際金融資產交易平臺，工作重點包括在不同市場發行存托憑證、A股指數期貨、中國通、國際通四大業務。

「滬X通」遍地開花，香港地位須思考

一方面，香港作為內地資產海外配置第一站的地理優勢不會改

變，在很長時間內，對內地資金的吸引力當然會大於倫敦。然而在另一方面，我們也必須清楚雖然香港目前還是最大的人民幣離岸中心，卻早已並非唯一中心。全球最主要的金融中心倫敦，在滬港通啓動前，中英間RQFII（人民幣合格境外投資者）已經啓動。英國企業、投資者也可直接用人民幣購買中國股票、債券，無須經過香港，上海和倫敦的人民幣和英鎊可直接交易。滬倫通的啓動也不是一個簡單的合作機制，中英之間已建立面向21世紀的全面戰略夥伴關係，在貿易投資、金融服務、基礎設施和能源、產業戰等方面均有涵蓋，在金融業方面，合作涉及資產管理、銀行業、資本市場、保險業和養老金等傳統領域及綠色金融、「一帶一路」項目融資、金融科技和普惠金融等新領域。

在2016年第八次中英財經對話後，中方稱中、英兩國擁有不可比擬的金融夥伴關係，更指倫敦作為全球領先的國際人民幣離岸中心，雙方發布了金融服務戰略規劃以追求更緊密的中英監管和商業合作，將支持通過倫敦金融中心使中國金融市場融入國際市場。顯而易見的是，倫敦的未來角色之一，必將是西方最主要的人民幣離岸中心。

在亞洲方面，新加坡從2011年奮起直追，由於業務限制更少，人民幣產品的發展速度比香港更快，目前人民幣和新元的直接交易也已經啓動。而且，新加坡是東南亞區域性的金融樞紐，是面向東盟的最主要國際金融中心，作為人民幣離岸中心可以大大推進人民幣在亞洲區的拓展，這一優勢香港也是難以比擬的。

然而，只要我們明白滬港通和深港通的設計並不是為了送大禮，而是為了拓展人民幣的投資渠道，也就會明白目前全球各地星星之火

般開展人民幣業務的地區，其實個個都將是未來資本市場互通的選項之一。當前人民幣已經正式加入國際貨幣基金組織特別提款權，即便滬倫通的業務與滬港通和深港通完全不同，香港「獨市生意」暫不受到威脅，也根本不可能長期持續。事實上，臺灣、新加坡等地已經在著手籌備迎接滬臺通、滬新通，不少更開始尋求與香港金融機構合作。

對於香港政府、監管者和每一個市場參與者而言，或許更應當思考的是，隨著滬倫通的臨近，「滬×通」有可能在全球遍地開花。擁有兩通的香港要如何加快自身的升級和拓展，繼續吸引投資者走這邊？不能繞過的是，越大型、越發達的金融中心，未來對滬港通的分流作用也就越大。一旦滬倫通業務拓展開去，滬新通、滬紐通等紛紛提上日程，香港又要憑何種獨特的服務、產品來提供新的投資機遇，讓資金願意留下？

深港通，原來你也來了

國家發改委國際合作中心首席經濟學家
中國黃金集團公司首席經濟學家　　　　萬　喆

市場是個系統，深港通不過是一小部分，但只有它們相互促進提升，才能都得到最滿意的結果。

深港通被期盼已久，但當它真的到來，也許反而不如預料那麼振奮人心。人們不過說一句，原來你也來了。我們真缺（深港通）嗎？

過去無論有什麼新政策，我們都額手稱慶。今天，或者我們會先問一問，這項政策是要做什麼的，有什麼細則支撐它能夠做這件事，達到它的目的的路徑可行嗎。

資本市場一直被認為是為企業解決融資困難的重要途徑。那麼開關與香港接通的市場是否能夠解決我們的問題或者提高已有的效率呢？也許很難給出結論。

比如說，我們缺錢嗎？不一定吧，雖然很難說這些錢願意或者不願意去這個或那個市場。

從宏觀數據看來，M1 和 M2 的貨幣剪刀差從 2015 年 10 月開始

便開始不斷拉大，二者的差值已由 2015 年 10 月的 0.5 個百分點，升至 2016 年 6 月末的 12.8 個百分點。據計算，若用 M1 減去穩定的流通現金約 6 萬億人民幣，企業趴在銀行裡的錢高達約 38 萬億人民幣。也就是說，企業不是沒錢，手上攥著現金，只是不願意投資，寧願放在銀行當活期存款。

當然也不是不願意投資，雖然民間固定投資下降得厲害，2016 年上半年民間固定資產投資同比名義增長 2.8%，與 2015 同期民間投資及 2016 年同期全社會投資相比，降幅均已超過六成。但對外投資增幅較大。2016 年上半年中國境內投資者共對全球 155 個國家和地區的 4,797 家境外企業進行了非金融類直接投資，累計實現投資 5,802.8 億元，同比增長 58.7%。

我們也不缺人。許多上市公司也很願意回來融資。萬達就對 H 股被低估很不高興，意慾回購。事實上，許多過去在海外上市的公司都因海外市場的被低估而紛紛意慾回巢，希望擁抱勤勞勇敢、善良多金的 A 股群眾呢。

他們能給嗎？而且，我們是不是能夠借此吸引新的資金？

根據 2016 年 8 月的數據，已開通的滬股通可用餘額仍舊有一半，而港股通尚有兩成。這顯現出整體熱情並不像預測的那樣收斂不住，吸引外來資金充實我市場的融資目標恐怕還是有些遇冷。

2015 年年末，在 A 股市場相對向好的背景下，海外投資者卻持續通過「滬股通」賣出股票，這是兩地脫節的一個典型跡象。2015 年 10 月底內地投資者新開股票帳戶的速度達到兩個月內最快，並且融資額也達到 8 月以後的最高水平。與此同時，當年 10 月 16 日後，國際投資者每個交易日都在淨賣出上海市場的股票，累計淨賣出超過

180億人民幣（28億美元），持續時間之久創下「滬港通」啓動後的最長紀錄。這與中國內地投資者的樂觀情緒開始恢復的跡象形成鮮明對比。

海外投資者的態度除了對中國經濟的信心外，也關乎對中國市場營運機制的信心。2015年10月的海內外投資趨勢的背離，恐怕也和之前「股災」中使用的處理辦法有關。海外總體而言更青睞透明度高的市場。同樣的公司，他們會更願意購買海外上市的中國公司股票，因為對市場政策的一致性更有把握。

市場吸引力的形成，是一個信用建立的系統性工程。要將中國市場變得更加專業化，監管當局仍面臨重重障礙。

大家能好好談嗎？不僅如此，無論哪種「通」的機制，其本意是想創造「一個中國」的市場，認為A股與H股的價格將接軌，差距最終將消失。但是事與願違，AH股差價卻越拉越大。恒生AH溢價指數在2014年1~11月基本穩定在95左右。但從2014年11月滬港通開通後，恒生AH溢價指數開始狂飆，最高升至150。2016年以來，該指數有下降趨勢，從年初的140左右降至目前的125。

兩地上市股票獲得完全不同估值的一個極端案例是廣汽集團。2015年6月份，受政府加大對汽車行業的支持力度影響，廣汽集團股價在內地大漲49%，但同期該股在香港股市僅僅上漲3.8%。其A股較H股溢價281%。

雖說從宏觀而言，兩地股市本身強弱有別，不可能完全同步，同一上市公司不同市場掛牌的股票面對不同的系統性風險，價格差異難以避免。但其他因素也很難被忽略。AH股價倒掛現象並非一朝一夕或偶然現象，長期存在必有其深層次原因。

AH股差價與兩地市場不同投資者結構帶來的投資偏好差異有關。比如說，A股市場上，藍籌股總體不受歡迎，市場資金偏愛所謂成長性好的中小盤股，而目前較H股折價的A股大多是大盤藍籌股。

　　我是怎樣的我？海外投資者一般更關注估值和基本面，香港市場以機構投資者為主，再加上市場資金成本低，高股息率的藍籌股受到青睞，不少投資者將其當作「另類儲蓄」。

　　但在中國內地股市，偏好則有所不同。這種偏好，顯現的其實是我們市場的特徵和習慣。與香港市場相比，A股市場恐怕是一個更注重概念炒作和短期投資投機的市場，對於整體經濟和企業營運這些基本面的關注相對更弱。A股市場的投資偏好，大概可以說更為「技術性」，主要是看市場心理效應的高低，盲動性和從眾性都相對較強。所以，經常會發生「大戶」爆炒，連續多少天一直漲停板或跌停板，而A股散戶則趨之若鶩的狀況。

　　這也給「互聯互通」帶來了新的風險。A股本來就與國際股票市場不盡相同，可進行對沖的衍生工具很少。因此，如果尤其在監管可能存在「真空」的情況下，當兩地「通」時，就可能發生大戶利用國際市場衍生工具將帳上股票對沖出去，卻製造帳上還在持有的假象，錯誤引導小散戶們，自己卻蓄勢待發，引發巨大波動而獲利。

　　A股這種較為「非理性」偏好的養成，當然與我方市場一直以來的定位、功能與監管的偏好也是有關的。

　　誰來管？怎麼管？監管從來都很難，因為市場總是在奔跑。但又不能不讓它跑，因為這是它生命存在的意義。

　　兩地都以保護投資者為目的，但內地證券市場與香港證券市場在交易製度、證券監管框架、監管法律體系均存在相當大的差異。儘管

有特殊的渠道打「通」兩地市場，但兩地對諸如違規信息披露、內幕交易及市場操縱等證券詐欺、違法違規行為的認定與監管並沒有統一規定，懲戒思路和方式相差很大。

香港證券監管機構基於無罪假定，但因細則非常縝密，通常普通違規者極難逃脫監管。當上市公司涉及收購合併時，要求公司進行完全披露，股票不要求停牌，就算停牌也是極短，這是假設所有市場人員已獲取共同信息而參與股票買賣。若懷疑某股票有市場操縱嫌疑，會直接要求提交過去幾個月與之相關的交易記錄、電話記錄、銀行對帳單等資料。

而內地證券法並沒有這麼細緻的規定。但行政干預往往都是基於有罪假定。當內地上市公司涉及收購合併時，內地監管部門的一貫做法是要求股票即時停牌。雖然消息已按要求公布，因仍害怕有人利用消息暗箱操作獲利，使處於信息不對稱的小股東利益受損，故此停牌。

不僅理念基礎不同，雙方監管機構在當地的執法權力也不一樣，現在行為「互通」了，但監管按照屬地原則，如何界定權力邊界？又如何配合協同查處處罰？

跨境監管無論是在監管對象、監管內容、監管範圍，還是監管程序上都對兩地證券監管部門提出了新的要求。

我在想什麼呢？我們對於開放的態度也始終五味雜陳。不開放，一切所謂新的「紅利」恐怕都只能在桎梏中慢慢冷卻湮滅；開放，又恐怕黃雀在後，資本大鱷三下五除二就把門戶擊穿了。

這種擔心很有必要。開放金融市場，是把雙刃劍，也有大量歷史證明，如果自己實力不強，還要拿把鋒利的匕首，說是強身防身，往

往最後卻成了對付自己的好武器。

全球金融資本市場特別是股票市場在對外開放初期，都曾引致市場大幅波動。韓國於1985年金融和資本市場初步對外開放，股市指數從140點一直上行至1,000多點，運行約4年，至1989年崩盤，股市跌了一半多，市場遭受重創。臺灣地區在1986年開始有限度地開放股票市場，股票市場指數從1986年1,000多點起步，到1990年崩盤，指數創12,495點，足足升了10倍多。

怕不怕？說實話，2015年匯率改革，在2015年7月至2016年2月期間，中國外匯儲備存量由3.65萬億美元左右下降至3.2萬億美元左右，縮水了約4,500億美元，最近才漸漸趨穩。

2016年，中國外匯交易中心宣布自2016年8月15日起，對在境外與客戶開展遠期售匯業務的境外金融機構收取外匯風險準備金，準備金率為20%，準備金利率為零。以此防範資本的大額流出和跨境套利行為。

市場不會完全聽話，改革總有試錯，但不能真的犯大錯。如何保持穩健又不改趨勢，才是關鍵。

市場在想什麼？誠然，股市只是資本市場、金融市場的一個部分，只是整個資本流動衝擊的渠道之一。但是股市是市場的重要組成部分，體現在，它的興衰成敗與整體的宏觀經濟一脈相承，也和總體的政策、監管、治理能力相互映照。

過去我們的改革概念，相對而言更為直接。目標宏大，細節不論。但經濟發展到了這個時期，目標細化不足會使任何宏大願景在搖擺中消耗。

比如借一些先行先試作為資本市場對外開放的特殊機制，無非是

想逐步形成資本市場雙向開放的局面。所謂先行先試，就是能夠遵循現有規則和法律，又不需要改變雙方投資交易習慣，實現交易市場的聯通融合。但當下我們恐怕是很難選擇出一個真正的將我們所有舊偏好都滿足，將我們所有舊習慣都包容，將我們所有新舊目標都達成的暫時性機制。

到了今天，建立諸如深港通這樣的方案，除了能讓投資者有更多選擇餘地，讓融資方有更多機會，是不是還應該往更深處去尋找政策目標？「通」是在什麼意義上的通？錢通了，人通嗎？法規通嗎？可能在佈局上要有更深層次的遞進安排：一方面解決錢通，市場不通造成的種種違法追責和投資者保護問題；另一方面解決真正能將政策變成推動整體一步步發展的紮實基礎的問題。

到了今天，想通過一個「深港通」就實現市場的突破，已不大可能。相反，需要市場的突破來給予「深港通」實質和內容，這些實質和內容再反哺市場，使市場更為成熟。這才是良性循環。

世易時移，定位已異，口味已異。畫一個圈就能豐收，到底是因為這原是一塊空地。如今阡陌縱橫，良莠不齊，才考驗耕種者的智慧，不痛下決心砍掉一些，不勇往直前破除一些，不堅定不移建立一些，不精心竭慮布置一些，必不能得到良好收成。

隨著國家經濟的發展和市場改革的深入，我們越來越認識到，一個好的戰略更需要好的戰術，一項成功的政策需要有前瞻的概念，更需要可支撐其執行的細則方案。不僅如此，我們還應該意識到，一項好的戰略本身就是國家整體經濟社會發展的戰術。其目標應當更加明確，能夠為此時此刻的發展帶來什麼幫助，為此時此刻的困難帶來何種突破。而這個戰略為了國家的什麼最終目的服務？是怎麼一步一步

幫助這個目的推進的？

　　深港通有多重要？取決於它與其他項目的改革如何相輔相成。市場是個系統，深港通不過是一小部分，但只有它們相互促進提升，才能都得到最滿意的結果。

　　深港通一直在提，現在終於成行，值得祝賀。總的來說當然是好事，也是中國金融市場逐步市場化、國際化的成果。深圳作為中國經濟特區，曾經突破了許多時代桎梏，為國家經濟和政策改革都做出了巨大貢獻。希望這一次深港通也能夠再接再厲，砥礪前行。

金融方略是中國未來大國戰略的關鍵手段

國家發改委國際合作中心首席經濟學家
中國黃金集團公司首席經濟學家 萬 喆

  當今世界，金融系統是大國運籌的協調樞紐，金融方略是大國戰略的關鍵手段，金融是一種戰略權力，滲透於現代社會的各個方面，在經濟關係和國際關係中起決定性作用。因此，除了滬港通、深港通等金融領域的互聯互通之外，中國綠色金融起步雖晚，但發展綠色金融已刻不容緩。建立上合開發銀行，則是總體國家安全觀的體現。隨中國經濟結構、金融市場開放程度、人民幣國際地位等已經或正在發生深刻變化，對外匯儲備規模的把握也有必要著眼實際重新考量。要穩健推進人民幣匯率市場化和人民幣國際化，需要國際金融中心建立、國際金融市場建設、國際商品定價等多重線程的共同推進，黃金定價權的建立和掌握是其中非常重要的一步。

綠色金融刻不容緩

  經過30年的高速發展，中國已進入經濟結構調整和發展方式轉

變的關鍵時期。隨著自身體量、國際地位的變化和可持續發展前景的需求，一方面，中國意識到生態文明和環境保護對於經濟發展的重要作用；另一方面，中國深切感受到作為負責任的大國，應當擔起更多的環境保護、節能減排責任。

當前，環境污染、資源耗竭、生態失衡等環境問題已經上升為全球性經濟、政治問題，關乎社會發展和人類生存。18世紀的產業革命以來，人類的工業文明達到前所未有的高度，但傳統工業多是以資源過度消耗為代價的，而傳統的市場經濟單純追求經濟收益最大化，忽視社會效益和可持續發展，因此，生態環境日益惡化。21世紀，人類已面臨因環境污染、資源緊缺所造成的生存危機，各國政府開始積極倡導綠色經濟，重視低能耗、低污染、高效益。

但綠色經濟往往投入大、週期長、技術含量高，除了傳統的政府補貼和稅收優惠等支持方式之外，必須整合和加強金融在其間的作用，讓金融成為生態環境保護的資金支持者，使金融機構也向著與社會環境相協調的方向過渡。因此，當前，綠色金融已成為國際組織、政府、企業普遍關注的焦點。在傳統經濟轉型的過程中，也迫切要求傳統金融向綠色金融轉型和發展。

生於斯但困於斯

為緩解環境問題，實現人類的可持續發展，國際組織、政府部門和學術機構都在探索著各種路徑。在此背景下，綠色金融概念於1991年首次提出。1992年，聯合國環境與發展大會通過了《里約環境與發展宣言》和《21世紀議程》，在簽署《聯合國氣候變化框架公約》

和《生物多樣化公約》後，環保和減排成為了關注焦點，綠色金融得以推廣。

1997年，《京都議定書》的簽訂，進一步推動了綠色金融的研究和發展。2000年，《美國傳統辭典（第四版）》提出了環境金融的概念，將綠色金融定義為環境經濟的一部分，研究如何使用多樣化的金融工具來保護環境，保護生物多樣性。2003年6月，「赤道原則」把對綠色金融的實踐上升到了新高度。赤道原則即商業銀行以自願為原則、在項目融資上全面考慮環境因素和社會問題的國際金融行業基準。此原則為項目融資中生態環境和社會風險評估提供了框架，意味著銀行在經營中將企業社會責任提升到公司治理的戰略層面。至此，綠色金融製度開始在世界範圍內推廣開來。2008年國際金融危機後，全球各國都著力於加快轉變經濟增長方式，低碳經濟因低能耗、低污染、高利用率、高效率成為新經濟增長點，備受關注。

然而，發端於發達國家的「綠色金融」在一段時期的被高度關注和快速發展後遇到了瓶頸。以美國為首的一些發達國家拒絕履行自己的節能減排義務，國際合作陷入了僵局。

中國的政策推動：起步雖晚 但決心很強

相對而言，中國綠色金融實踐起步較國外晚後，但在逐步探索的過程中，政策推動決心和意志非常強。

1995年，中國人民銀行發布《關於貫徹信貸政策與加強環境保護工作有關問題的通知》，綠色金融開始萌芽。2007年，國家環保總局、中國人民銀行總行和銀監會聯合發布了《關於落實環保政策法規

防範信貸風險的意見》，可算是綠色金融在中國的開端。2008年，國家環保部會同金融監管部門相繼出抬了「綠色保險、綠色證券、綠色信貸」等新政，綠色金融政策正式啓動。2011年，「綠色信貸」評估研究項目啓動，並計劃建立「中國綠色信貸數據中心」，為商業銀行踐行綠色信貸、管理和評估風險提供權威的信息支持。2015年，中共中央國務院印發《生態文明體制改革總體方案》，首次明確了建立中國綠色金融體系的頂層設計。2016年，全國兩會通過《「十三五」規劃綱要》，明確提出要建立現代金融體系，支持綠色金融發展。

當前，中國的綠色信貸已經發展到了發布行業能效指引的階段，在世界上屬於領先水平。

2012年，銀監會發布《綠色信貸指引》，對銀行業操作綠色信貸的流程進行規範；2013年，銀監會推進綠色信貸統計製度；2014年，銀監會發布《綠色信貸實施情況關鍵評價指標》，用超過100個指標對組織管理、能力建設、流程管理、內控管理、信息披露等方面進行了規範。

中國的實踐推動：各方協力 發展迅速

在國家和各界的大力支持和推廣下，綠色金融在中國發展迅速。中國是全球第三個建立了「綠色信貸指標體系」的國家之一，是第一個由政府支持的機構發布本國綠色債券界定標準的國家。「綠色金融」越來越受到國內眾多金融機構，尤其是銀行的認同。

在當前中國新舊產業和發展動能轉換的關鍵期，銀行業金融機構著重將信貸業務向綠色產業傾斜，助推傳統產業綠色轉型。

在銀行的主導下，中國的綠色信貸項目從2007年的2,700個，增加到2013年的1.4萬個；綠色信貸的貸款餘額也從2007年的3,400億元上升到2013年的1.6萬億元。2014年，銀行業機構綠色信貸餘額為7.59萬億元，其中，21家主要銀行綠色信貸餘額較年初增長15.67%，達6.01萬億元。據測算，貸款所支持的項目預計年節約標準煤1.67億噸，節水9.34億噸，減排二氧化碳當量4億噸。2015年，銀行業金融機構綠色信貸餘額為8.08萬億元，其中21家主要銀行業金融機構餘額為7.01萬億元，較年初增長16.42%。貸款所支持項目預計可節約標準煤2.21億噸，節約水7.56億噸，減排二氧化碳當量5.5億噸。

此外，中國已成為全球最大的綠色債券市場。2016年上半年國內綠色債券發行量獨占鰲頭，占到全球的1/3；離岸綠色債券發行量名列全球第三。

2017年一旦統一碳市場建成，預計規模為全球最大。經過國內七大區域碳市場的試點，預計將在2017年啓動全國統一碳市場，屆時將趕超EU-ETS，成為全球最大碳市場，目前相關準備工作正在加緊推進。

中國的國際推動：與國際社會合作共贏

不僅如此，中國始終不忘記大國責任和共同發展的理念，將與國際社會合作共贏作為了最終目標。在2009年的哥本哈根會議上，中國政府承諾2020年單位GDP二氧化碳排放比2005年下降40%～45%。與此同時，中國不斷探索著多邊合作機制，力主擱置爭議，直

面挑戰，共同發展，推動全球綠色經濟和金融的進步。

中美兩個全球最大的排放主體通過高層戰略對話的方式，2014年11月於北京、2015年9月和2016年3月於華盛頓連續發布了三次《中美元首氣候變化聯合聲明》，2015年9月於洛杉磯、2016年6月於北京兩次發表《中美氣候領導宣言》，強調對環境與氣候問題的關注。2016年6月，歐盟與中國達成了一項1,000萬歐元的合作項目，旨在加強歐盟與中國在碳排放交易方面的合作。2016年7月，金磚國家新開發銀行在中國境內發行了綠色金融債券，這是多邊開發銀行首次獲準在中國銀行間債券市場發行人民幣綠色金融債券。

在中國的倡議和推動下，2015年12月通過的《巴黎協議》為全球氣候行動開啓了新的徵程。2016年上半年，《巴黎協議》開放簽署，獲得熱烈響應。截至2016年6月底，已有179個締約方完成簽署，並有19個締約方遞交了國內批准文件。

在中國杭州舉行的2016年G20會議首次將綠色金融和氣候合作列為重點議題，並成立「綠色金融工作組」，研究建立綠色金融體系、推動全球經濟綠色轉型、加強綠色金融的國際合作等問題。

無論是金融、綠色，或綠色金融方面事務，中國都起步較晚，但後來居上。在中國的推動下，全球對綠色金融與低碳經濟都表現出空前的熱情和共識，並實踐於國際合作與國內行動。各國都在積極建立綠色金融體系，同時借助金融市場的力量優化資金和資源配置，助力轉型升級和結構性改革，從而獲得發展的新動力和可持續性。

當然，這只是一小步。綠色金融的外部性問題如何解決仍然需要探索、嘗試和突破。綠色金融標準、法律等問題仍需深入探討。而發達國家的工業化早期問題已經基本解決，其「綠色」標準與發展中

國家有不小差別，因此，合作中的分歧仍然需要磨合。

但這已經是一個相當好的開始。中國有句老話，「達則兼濟天下」，事實上，中國人相信的是，天下濟則身善事達，我們是一個命運共同體，需要更寬廣的胸襟，來實現更美好的未來。

建立上合組織開發銀行是總體國家安全觀的體現

上海合作組織是在新的國際環境中成長起來的具有多邊主義性質的區域性國際組織，經過多年醞釀，上合組織開發銀行已經有了進入實質階段的基礎。已召開的上合組織總理會，繼續推進上合組織開發銀行構建的相關事宜的談判和協商。

為什麼要成立上合組織開發銀行？上合組織框架內的地區合作是亞洲，特別是中亞地區區域一體化進程的一個重要組成部分。其初衷是將重點放在區域安全形勢和加強反恐協作。許多人眼中，上合組織開發銀行更有關國家安全，與金融機構關係相差甚遠。

事實並非如此，當前中國的安全觀在繼續以維護國家領土主權完整等傳統安全問題為核心的同時，已經把視野擴展到金融安全、經濟安全、信息安全、能源安全、糧食安全、公共衛生安全及反恐怖主義等方面，逐步形成了總體安全觀。而這些都與金融息息相關。當今世界，金融系統是大國運籌的協調樞紐，金融方略是大國戰略的關鍵手段，金融是一種戰略權力，滲透於現代社會的各個方面，在經濟關係和國際關係中起決定性作用。

上合組織開發銀行有利於維護地區經濟安全。近年來，發達國家與發展中國家之間的意見分歧日益加劇，全球化的步伐雖然在不斷加

快，國際多邊談判卻往往難以取得進展，落後地區所需基礎設施建設等對人民大眾有實質性意義的項目基本未能獲得有效幫助。總體而言，發展中國家的經濟境遇和政治地位都並沒有得到改善。隨著中國的和平崛起，國家綜合實力不斷增強，中國越來越意識到自身發展的經驗實際上可為廣大發展中國家提供極大的借鑑，因此，進行區域政治經濟合作將成為改善發展中國家人民生活條件和提升發展中國家經濟水平真正有效且高效的方式。上合組織所覆蓋地域主要為中亞等亞洲地區國家，其由於歷史、地理、政治等原因，多數國家的經濟水平不高，而且經濟治理能力極其不足。這不但導致了一些國家的經濟問題，還造成了不少國家和地區的社會動亂。建立上合組織開發銀行將為成員國提供基礎設施建設的寶貴經驗和投融資機會。這些經驗和機會有助於中國及周邊上合組織成員國家加強經濟治理能力，獲得更大的市場活力，穩定社會經濟形勢，從而為加固經濟安全奠定基礎。

上合組織開發銀行有利於維護地區公共安全。當前，全球反恐形勢日益嚴峻，恐怖組織活動呈現國際化、碎片化、分散化的新趨勢。IS異軍突起，其主要策略是進行全球招募，而後將受訓人員送向全球各地。而中亞地區正是受其人員回流影響最大的區域。中國西部一小部分地區的少部分人，也受國際泛伊斯蘭主義和泛突厥主義影響，形成了宗教極端思想，主張民族分裂，嚴重影響了國家和地區的公共安全。上合組織所覆蓋框架內地區成員國經過合作，特別是在中國和俄羅斯兩個主導國的倡議和引導下，已經在諸如地區反恐機制、地區禁毒機制、地區交通網路系統等方面加強了合作，但仍需進一步深化合作。成立上合組織開發銀行，一方面可為反恐設備、武裝、人員的培訓、提供優先融資，保證實際反恐行動的高質量完成。另一方面，眾

所周知，資金是恐怖主義的生命線，從資金流向上對恐怖主義活動和人員予以掌控、追蹤和圍剿，是現代反恐的高效手段之一。上合組織開發銀行作為地區金融聯合機構，可以加強國家間的金融合作，高效實施區域金融反恐。

上合組織開發銀行有利於維護地區金融安全。當前，發達國家均面臨發展瓶頸，在 2008 年金融危機後，美國就一度面臨衰退危機。但由於其運用國際金融的主導地位和貨幣霸權，實質將其經濟金融危機轉嫁給了其他國家，尤其是發展中國家。時至今日，發展中國家已經深受全球商品市場、貨幣匯率波動等影響，以至於許多國家已經幾度或幾乎又再面臨危機，金融安全岌岌可危。從 1998 年東南亞金融危機經驗看來，依靠國際所謂「經驗」進行純粹技術性參數的調整跟隨和指望世界銀行、IMF 等國際金融組織機構，很難真正解決新興國家的金融安全問題。因此，設立區域合作金融機構，因其利益共生性更強，文化共識性更優，更有可能達成互助共識，更有可能拿出有實質意義的解決方案，更能保護地區金融安全。

上合組織開發銀行有利於維護地區政治安全。一直以來，美國高舉「民主改造」大旗不斷在中亞地區策動「顏色革命」，其利用金融手段製造動亂甚至顛覆政權的手法日趨成熟。克里米亞問題引發了西方與俄羅斯「冷戰」延續，中亞暴力化和極端化相交織的暴恐事件，背後有美國金融之手的支撐。美俄此輪地緣戰略的角力，從一定程度上已轉為經濟和金融實力的較量。事實再次證明，政治安全的新趨勢是，軍事衝突只是迫不得已的選擇，而金融成了大國之間較量乃至顛覆的主戰場。因此，建立上合組織開發銀行，有助於金融力量的聯合，也有助於地區政治的穩定和長治久安。

金融成為大國角力的優先選項和新戰場。金融是資源配置的核心，即通過金融資本的流動帶動和影響人流、物流，從而能夠在前所未有的廣闊的時空領域上，通過空前複雜的內外部因素，既影響外部安全，又影響內部安全；既影響國土安全，又影響國民安全；既影響傳統安全，又影響非傳統安全。建立上合組織開發銀行是國家總體安全觀的體現。

對外匯儲備規模進行更為充分的評估

　　當前，中國經濟結構、金融市場開放程度、人民幣國際地位等已經或正在發生深刻變化，對外匯儲備規模的把握也有必要著眼實際重新考量。匯率與外匯儲備在金融改革中的新動向，應引起監管方的高度重視和深刻思考；應在加強匯率預期管理和資本市場風險應對能力的基礎上，審慎穩健推進人民幣匯率市場化和人民幣國際化。

　　近年來，中國人民幣國際化進程不斷加快，特別是中國央行主動放棄對人民幣匯率中間價管理的舉措，被認為是人民幣在國際化道路上邁出的重要一步。

　　根據國際貨幣基金組織實行匯率管理國家的適度規模測量標準，2015 年，中國外匯儲備處於 2.5 萬億至 3.7 萬億美元的合理區間。然而，這一模型的適用對象基本上是經濟基礎較為薄弱、外債高企、資本市場完全開放的國家，與中國的現實經濟情況並不匹配。因此，不妨在其他政策的配合下，對外匯儲備規模進行更為充分的評估。

　　首先，匯率與外匯儲備在金融改革中的新動向，應引起監管方的高度重視和深刻思考。無論匯率還是外儲的管理思路，都應變得更為

靈活機動，要想達到目標也應多管齊下，順勢而為，既要採取適當的政策措施做好風險防範，也要改善並加強政策工具間的協同效應。

　　從外匯儲備管理角度看，需要平衡風險抵禦和持有效率的關係，短中期目標定位不低於 2 萬億美元。對超過最優規模的外匯儲備部分，應通過結構調整實現藏匯於民。從市場預期管理角度看，一方面，要規範國際資本流動管理，持續打擊熱錢和惡意套利；另一方面，必須做好人民幣匯率波動的市場溝通，提高匯率決策制定的透明度和可信度。從匯率製度管理角度看，匯率製度的靈活性賦予了央行更大的操作空間，因此可逐步增強匯率彈性，通過運用貨幣互換、進一步推進人民幣國際化等措施，承擔外匯儲備的調節性和交易性功能。

　　其次，人民幣國際化可以更加策略化。比如，在「一帶一路」建設過程中，向有需要的國家提供人民幣貸款，投放於中國有相對優勢的產業領域，這樣可促進國內企業「走出去」，平衡中國與「一帶一路」沿線國家的國際收支順差，在不造成人民幣大幅貶值的前提下推動人民幣國際化。

　　從創匯來源角度看，仍然應當促進外匯儲備穩健發展，同時增加創匯的含金量和可持續性。人民幣國際化也應優先加強國際支付職能，服務壯大實體經濟。同時，鑒於當前地方頻頻出現的出口高報趨勢，還要加強監管，擠走創匯水分。從金融改革角度看，當前國際經濟形勢不佳，金融市場波動頻繁，應在加強匯率預期管理和資本市場風險應對能力的基礎上，審慎穩健推進人民幣匯率市場化和人民幣國際化，防止大規模短期資本過於頻繁地跨境流動給中國經濟發展、貨幣政策和外匯儲備帶來較大衝擊。

应当看到，人民幣貶值預期及其連續貶值導致外匯儲備大幅下降，是新情況也是正常情況，是偶然也是必然。有觀點認為，人民幣貶值對出口利好，可以對外匯儲備起促進作用。然而，這一假設忽略了當前形勢下人民幣貶值對金融帳戶及金融帳戶對外儲的影響。

經濟發展不是單極事務，它帶來的是市場、社會結構的整體發展變化。這客觀上要求我們在國家發展和市場改革中不斷創新思路，更需抓住改革時機，完善結構性調整，加大治理能力建設，獲取經濟健康、可持續發展的新動力。

「上海金」只是一小步

要穩健推進人民幣匯率市場化和人民幣國際化，需要國際金融中心建立、國際金融市場建設、國際商品定價等多重線程的共同推進，黃金定價權的建立和掌握是其中非常重要的一步。黃金定價權的掌握也有賴於人民幣國際化的不斷深入。隨著以人民幣計價的黃金價格成為國際標準，人民幣和黃金以及未來的各種大宗商品都將在國際金融體系中占據越來越重要的分量。

「上海金」集中定價合約現已正式掛牌交易。自此，中國有了自己明確主導的黃金定價機制。「上海金」並非一蹴而就，它以中國經濟長期高速發展為支撐，以中國國家與居民財富不斷累積為基礎，以中國國家力量在國際舞臺上持續增強為支點，以及由此產生的，對於既有國際貨幣體系中話語權的重視和進一步爭取。

大宗商品金融定價權是目前世界經濟秩序中國家實力的重要體現。目前市場的遊戲規則是誰的金融定價能力（金融衍生品市場的發

達程度）最強，誰就能牢牢控製住定價權。因此，黃金定價從「倫敦金」到「紐約金」再到昨天「上海金」的「異軍突起」，不可能也不會是單項商品交易能力的體現，而是背後的國家力量在歷史中產生重疊或調整的結果。

「上海金」並非一枝獨秀，它不但體現了中國對於黃金定價權的爭取，更體現著背後對於國際市場中大宗及各種商品的定價權的需求。中國作為最大的黃金生產國、消費國、實物金場內交易國多年，卻沒有黃金定價權，而隨著國家經濟體量的不斷上升，其他大宗商品也開始出現類似狀況。其中帶來的金融市場風險和損失難以計量，甚至會帶來市場動盪、經濟不確定性等可能引發系統性風險的國家安全隱患。因此，建立相應的多層次金融市場體系，提升金融產品定價權至關重要。「上海金」只是其中一小步。

「上海金」亦非「一力承擔」。它與人民幣國際化存在著相輔相成的關係，一方面，人民幣國際化需要國際金融中心建立、國際金融市場建設、國際商品定價等多重線程的共同推進，黃金定價權的建立和掌握是其中非常重要的一步。另一方面，黃金定價權的掌握也有賴於人民幣國際化的不斷深入。隨著以人民幣計價的黃金價格成為國際標準，人民幣和黃金以及未來的各種大宗商品都將在國際金融體系中占據越來越重要的分量。因此，「上海金」將有利於推動以人民幣為定價計價貨幣的定價權，加強人民幣未來作為國際主要儲備貨幣的議價能力。

「上海金」是一馬當先。以「上海金」為代表的定價交易體系，有利於中國增強在相關商品市場當中的存在基礎，將購買力轉變為話語權，扭轉中國在世界價值分配體系中的不利地位，推動人民幣國際

化進程，提升中國經濟競爭力及國際影響力。當然，這只是第一步，如何將市場交易的廣度和深度坐實，使「上海金」名副其實，發揮應有的帶動作用，才是未來的關鍵。

中國當前應推動亞洲區域金融合作

中國社會科學院世界經濟與政治研究所國際投資研究室主任
財政部國際經濟關係司高級顧問　　　　　　　　　　張明

　　1997年至1998年東南亞金融危機的爆發驅動了第一輪的亞洲區域金融合作，清邁倡議應運而生。清邁倡議的核心是東盟十國與中、日、韓之間簽署的雙邊貨幣互換。這些雙邊貨幣互換的累積金額一度達到800億美元，但從未被使用過，部分原因是因為90%的額度動用要與IMF的貸款條件性掛鉤。

　　2008年爆發的全球金融危機驅動了第二輪的亞洲區域金融合作，清邁倡議多邊化取得重大進展。首先，作為多邊化的成果，東亞國家建立了總額1,200億美元的外匯儲備庫（在2014年擴大至2,400億美元），這實質上將雙邊貨幣互換擴展到多邊，顯著擴大了一國爆發危機後可能獲得的潛在援助規模。其次，與IMF的貸款條件性掛鉤比例由90%下調至80%（後來又下調至70%），這增強了一國爆發危機後獲得援助的可預期性與及時性。最後，東亞地區創建了自己的宏觀經濟監測機構——亞洲宏觀經濟研究辦公室（AMRO）。然而，遺

憾的是，擴展後的清邁倡議迄今為止依然沒有被動用過。例如，韓國在 2009 年遭遇資本外流衝擊時，選擇了向美聯儲申請援助，而沒有尋求啓動清邁倡議。

之所以亞洲區域金融合作進展緩慢，一個重要的原因是，雖然東亞國家在經濟週期、貿易與投資方面的協同性日益增強，然而在數量較多、經濟發展程度相差較大、利益考量分歧較大的國家之間要形成集體行動，面臨著很多困難。此外，在中國與日本兩個地區性大國之間，也存在著區域金融合作的主導權之爭。這從 AMRO 第一任主任居然由中國人與日本人分別擔任一半時間的安排中，就可以窺見一斑。因此，亞洲區域金融合作具有很強的危機驅動特徵，也即一旦危機來襲，則合作向前推動一步，而一旦危機緩和，則合作通常會停滯不前。

從 2009 年起，中國政府開始大力推動人民幣國際化，尤其是跨境貿易投資的人民幣結算以及離岸人民幣金融市場的發展。這被市場解讀為中國政府對推動亞洲區域金融合作意興闌珊，轉而致力於推動本幣國際化。此後，人民幣國際化進程充分地吸引了區域乃至全球的眼球，而亞洲區域金融合作再度停滯不前。

筆者認為，當前可能是推動亞洲區域金融合作的新的機遇期。主要理由如下：

第一，當前全球經濟增長疲弱（長期性停滯的陰影越來越濃厚），金融風險日益凸顯。儘管東亞經濟體當前的基本面在全球新興市場國家中是較好的，但還是會週期性地受到美國貨幣政策不確定性的衝擊。例如，一旦美聯儲加息超過市場預期，則東亞國家通常會面臨資本外流與本幣貶值壓力。這就導致東亞經濟體普遍通過經常帳戶

順差來累積大量外匯儲備,以此來增強本國抵禦金融危機的能力。然而,如果外匯儲備的規模超過適度水平,則累積外匯儲備的成本將超過收益。如果能夠通過增強區域金融合作來減少各國累積外匯儲備的必要性,這會提高整個亞洲區域的福利水平。

第二,中國經濟在亞洲區域中的重要性已經顯著上升,以至於中國經濟對亞洲各國經濟的溢出效應也相應加大。為了應對這種溢出效應,亞洲很多國家在匯率制定過程中已經越來越多地參考人民幣匯率變動。目前已經有很多經驗研究指出,人民幣在亞洲各國匯率貨幣籃中的比重已經顯著上升,在個別國家甚至已經高於美元的比重。人民幣地位的上升,既與中國經濟的總量大與增長快有關,也與中國在亞洲國際生產網路中的樞紐位置有關。在這一背景下,推進以中國為主導的亞洲區域金融合作,符合有關各國的利益。

第三,按照過去路徑推動的人民幣國際化已經進入一個瓶頸期,急需新的思路來重新推動。

自中國央行從 2009 年下半年起積極推動人民幣國際化以來,人民幣國際化進程大致可以分為兩個階段:在 2010 年至 2015 年上半年期間,人民幣國際化取得了快速的發展;而從 2015 年下半年起至今,人民幣國際化的速度顯著放緩,部分指標甚至出現了逆轉。

中國央行主要是沿著兩條路徑來推進人民幣國際化的。一是推進人民幣在跨境貿易投資中的結算;二是促進離岸人民幣金融市場的發展。為了幫助其他國家獲得額外的人民幣以滿足市場需求,中國央行與越來越多的央行簽署了雙邊本幣互換。

2010 年第一季度至 2015 年第三季度,跨境貿易人民幣結算規模由 184 億元上升至 2.09 萬億元,增長了 113 倍。同期內跨境貿易人

民幣結算規模與跨境貿易總額之比則由 0.4% 上升至 32.5%。2012 年 1 月至 2015 年 9 月，中國對外直接投資的人民幣結算規模由 2 億元上升至 208 億元，而外商來華直接投資的人民幣結算規模則由 14 億元上升至 351 億元。由於人民幣在跨境貿易與投資領域的結算取得了巨大進展，人民幣作為國際結算貨幣的地位水漲船高。人民幣結算占全球結算的份額由 2011 年 12 月的 0.3% 上升至 2015 年 8 月的 2.8%，而人民幣在全球結算貨幣中的排名則由 2010 年 10 月的第 35 名攀升至 2015 年 8 月的第 4 名。2010 年 1 月至 2014 年 12 月，中國香港人民幣存款規模由 640 億元上升至 1 萬億元，而同期中國香港人民幣存款規模占中國香港總存款規模之比則由 1.0% 上升至 10.0%。臺灣的人民幣存款規模由 2012 年 1 月的 66 億元上升至 2015 年 6 月的 3,382 億元，而新加坡的人民幣存款規模則由 2012 年 6 月的 600 億元上升至 2015 年 6 月的 2,340 億元。2009 年至 2016 年 6 月底，中國央行已經與 35 個國家或地區的央行簽署了金額總計 3.12 萬億人民幣的雙邊本幣互換。

不過，從 2015 年下半年起，上述指標大多發生了逆轉。2015 年第三季度至 2016 年第二季度，跨境貿易人民幣結算規模由 2.09 萬億人民幣下降至 1.32 萬億人民幣，同期內人民幣結算規模與跨境貿易總額之比則由 32.5% 下降至 22.0%。2015 年 9 月至 2016 年 6 月，中國對外直接投資的人民幣結算規模由 208 億元下降至 116 億元，而外商來華直接投資的人民幣結算規模則由 351 億元下降至 143 億元。2015 年 8 月至 2016 年 6 月，人民幣結算的全球占比從 2.8% 下降至 1.7%，而人民幣在全球結算貨幣中的排名則從第 4 位下降至第 6 位。香港人民幣存款規模由 2014 年 12 月的 1 萬億元下降至 2016 年 6 月的

7,115億元。臺灣、新加坡的人民幣存款規模則分別由2015年6月的3,382億元與2,340億元下降至2016年3月的3,132億元與1,640億元。

那麼，為什麼人民幣國際化的進展從2015年下半年開始顯著放緩了呢？

原因之一在於，人民幣兌美元升值預期轉變為貶值預期，且貶值預期在「8·11」匯改後明顯深化。事實上，從2014年第二季度起，人民幣兌美元的每日中間價開始變得持續高於收盤價，這意味著市場上開始產生人民幣兌美元貶值預期。但由於市場相信中國央行將會維持匯率穩定，上述貶值預期並不強烈。然而，2015年的「8·11」匯改中，中國央行主動放棄了對人民幣匯率中間價的干預，這不僅導致人民幣兌美元匯率由最高點的6.1左右貶值至6.7左右，而且進一步加深了人民幣貶值預期。

眾所周知，在過去普遍存在的人民幣升值預期下，發生了大量的人民幣跨境投機套利活動。主要的跨境投機套利方式有兩種，即跨境套匯與跨境套利。所謂跨境套匯，是指如果存在持續的人民幣兌美元升值預期，那麼香港市場上的人民幣價格要比內地的人民幣價格更貴，因此可以通過將內地的人民幣輸送到香港市場來獲利。這種套匯通常會通過跨境人民幣貿易結算的方式來進行。因此，大規模的套匯不僅會導致香港市場上人民幣存量上升，而且會導致跨境貿易的人民幣結算規模上升。然而從2015年「8·11」匯改之後，伴隨人民幣兌美元升值預期的逆轉，香港市場上的人民幣價格將變得比內地更加便宜，因此，輸入人民幣的套匯模式將會發生逆轉，這會導致香港市場上人民幣存量的顯著下降。

原因之二在於，內外利差的縮小與人民幣兌美元的貶值，降低了跨境套利的吸引力。在過去，由於內地的人民幣利率顯著高於香港的人民幣利率，跨境套利大行其道。所謂跨境套利，是指內地企業設法從香港銀行借入人民幣貸款，將其輸送回內地市場，從而賺取不菲的利差。在人民幣兌美元貶值預期下，如果從香港銀行借入美元，再轉換為人民幣後輸送回內地套利，則能獲得利差與升值的雙重收益。這種跨境套利的資金移動，依然會借助跨境貿易的人民幣結算方式進行偽裝。因此，跨境套利的結果，是內地企業獲得更多的香港銀行的貸款，以及跨境貿易人民幣結算規模的上升。然而，自 2014 年下半年起，隨著中國經濟潛在增速的下行，中國央行多次下調利率與準備金率，這造成內外利差顯著收縮。再考慮到「8·11」之後人民幣兌美元貶值預期的加深，因此，跨境套利活動從 2015 年下半年起顯著收縮，甚至發生逆轉。這既會導致香港銀行對內地企業的貸款餘額顯著下降，也會導致跨境貿易人民幣結算規模的下降。

原因之三在於，隨著中國經濟潛在增速的下滑以及金融風險的顯性化，持有人民幣資產的收益率顯著下降，潛在風險顯著上升，這將降低境外投資者持有人民幣資產的意願，進而造成人民幣國際化進程的放緩。考慮到這一點，即使 2016 年 10 月人民幣正式加入 SDR 貨幣籃，我們也不要對短期內國際機構投資者配置人民幣資產的需求做出過高估計。畢竟，資本流動總是順週期的。

總之，2015 年下半年以來人民幣國際化進程的放緩，主要是由於跨境套利活動的萎縮所致。這事實上是一種擠出泡沫的過程。換言之，我們不必過分擔心人民幣國際化的放緩，未來的人民幣國際化進程雖然可能更慢一些，但很可能更多地由真實需求來驅動，因此其可

持續性有望顯著增強。

對此，筆者認為，未來中國政府推動人民幣國際化的重點應該放在中國周邊，應該將推動亞洲區域金融合作與推動人民幣國際化二者結合起來，通過實現人民幣的周邊化來最終推動人民幣國際化。個中原因在於，一方面中國與亞洲國家之間存在密切的真實貿易往來，另一方面，中國對亞洲國家存在總體上的貿易逆差，這就有助於重點推動具有真實貿易需求支撐的人民幣國際化。

原因之四，推動亞洲區域金融合作有望緩解目前亞洲國家在外交方面面臨的緊張局勢，形成防禦地緣政治衝突升級的緩衝墊。近期以來，在朝核、東海、南海等問題上，亞洲各國的對立情緒明顯上升，甚至有擦槍走火的風險。為了避免地緣政治衝突的加劇，推動亞洲經濟的和平發展，亞洲國家有必要繼續加強在區域層面的金融合作，以此來強化彼此的共同利益，避免對立性情緒的升級。

原因之五，對中國自身的國家利益而言，經略東盟意義重大。從世界經濟的發展歷史來看，每一個大國經濟崛起的背後，都有一批鄰國的支撐。例如美國經濟背後有整個美洲大陸國家的支撐，歐元區經濟背後有中東歐、北非國家的支撐。而中國經濟的崛起，離不開周邊國家的支撐。當然，這種支撐並非單向的資源輸送，而是「親、誠、惠、容」式的共贏發展。

當美國政府正在通過跨太平洋夥伴關係協定（TPP）、跨大西洋貿易與投資夥伴協議（TTIP）與國際服務貿易協定（TISA）重塑全球經貿投資規則之時，通過區域全面經濟夥伴關係（RCEP）與「一帶一路」來向南、向西拓展就成為中國政府的必然選擇。與絲綢之路經濟帶相比，海上絲綢之路的國家在經濟發展水平、製度質量方面與中

國更加接近，潛在合作空間也更加廣闊。

因此，未來推動亞洲經濟金融一體化，應該成為中國政府的重要戰略。如果說 RCEP 構成了亞洲版本的世貿組織，亞洲基礎設施投資銀行（AIIB）構成了亞洲版本的世界銀行的話，那麼基於清邁倡議多邊化的區域金融合作機制就有望成為亞洲版本的 IMF。一旦這些亞洲區域的經貿金融合作機制能夠扮演更為重要的角色，亞洲區域一體化就有望繼續前行，而中國與其他國家也都將從中獲益。

香港作為「一帶一路」的超級聯繫人還須自我增值

深圳前海管理局香港事務首席聯絡官
深圳市政協委員　　　　　　　　　洪為民

　　2015年3月，國家發展和改革委員會發布《推動共建絲綢之路經濟帶和21世紀海上絲綢之路的願景與行動》方案（以下簡稱《願景與行動》）。「一帶一路」由5條主要線路組成，沿線覆蓋超過60個國家，占了全球約四成的土地面積、超過六成的人口及三成國家生產總值，也蘊含全球四分之三的能源儲備，其豐富的天然資源形成了龐大的市場。對中國來說，正好為過剩的產能尋求新出路，也同時助中國企業走出去。

　　香港在「一帶一路」中可以扮演什麼角色呢？《願景與行動》方案指出：利用長三角、珠三角、海峽西岸、環渤海等經濟區開放程度高、經濟實力強、輻射帶動作用大的優勢，充分發揮深圳前海、廣州南沙、珠海橫琴、福建平潭等開放合作區的作用，深化與港澳臺的合作，打造粵港澳大灣區。因此，深圳前海與香港都是「一帶一路」

戰略支點之一，深港可以緊密合作，一同推動區域經濟發展。

講到香港在「一帶一路」中的定位，坊間最多的講法是超級聯繫人和融資中心。筆者對此並不反對。但是香港若單單依靠訊息不對稱而成為超級聯繫人，在互聯網年代能夠尋到的價值不會很高。我們若僅做融資中心，不但有不少競爭對手，而且達不到為「一帶一路」做戰略支點的要求。

故此，我們應該多想一步，多行一步，尋找獨特的增值點。筆者認為，香港應該成為「一帶一路」的三個中心，包括融資及共同投資中心、專業服務中心及信息及數據中心，而政府和業界都需要為這個目標而努力。

融資及共同投資中心

改革開放以來，香港長期都是內地最大的資金來源地，不論是早期的直接投資，還是從青島啤酒（00168）開始的H股上市潮，以及到後來的滬港通和人民幣發債，香港都扮演著不可替代的角色。但是隨著中國進一步走出去，愈來愈多的國家和城市對離岸人民幣業務垂涎三尺，而在內地，政府和民間的資金也愈積愈多；香港雖然還是內地最大的直接投資者，但份額愈來愈小。

筆者做了一個不完全統計，亞投行法定資本為1,000億美元，絲路基金為400億美元，再加上國開行和進出口銀行，以及大大小小的與絲路相關的基金，今天的中國，雖然不能說是財大氣粗，但和改革開放初期已不可同日而語了。然而，作為國際金融中心，香港仍然有獨特的優勢。一方面，香港信息流通，法規健全，資金又可以自由

進出。

　　另一方面，因為「一帶一路」的總投資額是一個天文數字，中國要推動「一帶一路」建設，不能只靠中國自己的資金，或單單依靠亞投行和絲路基金，而是應該吸引「一帶一路」沿線國家投入資金，共同開發，共享回報。

　　香港是國際金融中心，很多國家都把資金放在香港，過去它們主要是投資香港金融和房地產市場，以及透過香港投資內地。現在我們可以吸引這些本來就在香港的外資，一起投資「一帶一路」，這不僅可以吸引更多的資金，最重要的是還能與當地形成利益共同體。

專業服務中心

　　香港有良好的製度，香港在法律、會計、金融、工程等領域均設有嚴格的、與海外標準接軌的監管機制，通曉「兩文三語」的人才融合中西文化，具備國際視野，受到中外機構的歡迎及信賴。國企和民企走出去，經常都需要做可行性和顧問報告，而商務諮詢、協約、糾紛調解、投融資等都需要專業配套服務作保障。

　　香港的專業服務在這方面就可以大派用場。因此，香港應用心打造「一帶一路」的專業服務中心品牌，助香港專才開闢區域市場，拓展發展空間。

　　香港擁有物美價廉的信息及通信基建，加上香港信息的自由流動、可靠的供電、一流的信息保安專才，香港的數據中心可以提供世界級優秀水平的服務，是做雲端大數據運算的好地方。因此，香港是「一帶一路」的信息及數據中心的理想之選。筆者認為，隨著內地自

由貿易區的發展，特區政府應牽頭建立可交換的貿易數據標準及開放平臺，讓不同持份者一同參與，成為環球典範。

匯聚信息助分析數據

此外，另一種形式的信息中心更重要。我們可以借著信息自由流動、低稅率及良好體制去吸引不同地區的智庫（包括內地智庫以及國際非政府組織智庫）在香港設點，以香港作為信息收集、數據分析和交流的基地。這樣一方面可以把「一帶一路」的論述和理念，以一種國際社會可理解的語言講出去；另一方面也可以吸收這些國際智庫的建議，充實和提升「一帶一路」的論述體系，共同打造新共識。

要做到這點，我們要有促進高端智慧人才來港的政策，特區政府應該開放「一帶一路」人才來港工作簽證，營造受人才喜歡的優質環境、時尚生活方式、文化氛圍及做好子女教育等相關配套工作，從而吸引各地的高端智慧專才，為香港創造新的價值。

總的來說，三個中心將令香港這個超級聯繫人提供不僅僅是聯繫，而是其他有獨特優勢的高增值服務。但是，我們必須看到，要令香港能夠成為「一帶一路」的三個中心，單靠民間推動是不行的，更需要政府帶領、推銷和整合資源，以及政策的改變。我們若能夠成功打造三個中心，將有助於香港在當前日益激烈的國際競爭中找到新的角色及定位。

擴大金融互聯互通，
推動中美「一帶一路」合作

絲路智谷研究院院長兼首席經濟學家　梁海明

　　媒體報導稱，美國當選總統特朗普的國家安全顧問詹姆斯・伍爾西（James Woolsey），於 2016 年 11 月 10 日曾批評奧巴馬政府反對組建亞投行是一個「戰略錯誤」。他表示，希望特朗普對待中國的「一帶一路」倡議將「更加熱情」。

　　無獨有偶，我曾於 2016 年 11 月 9 日在媒體公開撰文分析，由於當前環球經濟仍低迷，身處地球村的美國會受波及，而中國提出的「一帶一路」倡議有助於增加全球總需求，助力全球經濟向前，是對現有國際秩序、發展路徑和方式的有益補充；預料在特朗普任期內，他或會改變上屆政府對「一帶一路」、亞投行的抵制立場，改為增加接觸，甚至是與中國展開合作。

　　既然雙方觀點趨於一致，那麼，中國政府該拋出什麼「橄欖枝」，才能令特朗普對中國的「一帶一路」倡議、亞投行更加熱情，乃至是展開合作呢？我認為，可以考慮在以下的領域發力。

我比較認可有中國學者提出的「一帶一路」需要文化經濟學的概念，我在《「一帶一路」經濟學》一書中已提出，「一帶一路」需要文化與經濟相結合的產品，才能給世界各國帶來新公共產品的需求。

這是因為「一帶一路」若僅是經濟事件，恐因缺乏文化內涵，難獲沿線國家的文化認同，不能產生持久力；若僅是文化理念，則不能給各國帶來實實在在的經濟好處。而且，縱觀在全球合作中地位吃重的歐美國家，它們給世界各國提供的公共產品和服務，正是文化與經濟的結合體。

以歐洲為例，我過往多次指出，歐洲主要給各國提供三種公共產品和服務，我簡稱為「三名」。一名，是名車，背後是歐洲工業 4.0 的高端製造業文化，以德國、法國為代表。二名，是名表，背後是歐洲精細的製作工藝文化，以瑞士為代表。三名，是名牌服裝，背後是時尚、潮流文化，以義大利、法國為代表。

至於美國，則提供了「三片」的公共產品和服務，一片，是薯片，無論是麥當勞，還是肯德基，背後是美國的快餐文化。二片，是好萊塢影片，背後宣揚的是美國的文化價值觀。三片，是計算機、手機芯片，背後代表的是美國的創新文化。

無論是歐洲的「三名」，還是美國的「三片」，都引導了世界潮流，推動了全球科技的進步。其中衍生出的各種與「三名」「三片」相關的產業，既推動了歐美自身的經濟發展，又推動了世界各國的經濟發展、社會進步。

對此，「一帶一路」建設，既要有產品，產生經濟效益，又要有文化，產生影響力。這樣的公共產品，才有真正的影響力，才能帶動

沿線國家的經濟發展和社會進步，以此獲得各國的認可。

但是，如果「一帶一路」僅是提供「文化+經濟」的公共產品和服務，雖然並非是要顛覆既有的以美國為主導的國際秩序，而是對國際現有的秩序、發展路徑和方式提出補充和完善，但是，在客觀上一方面可能會對歐美國家，尤其是美國現今的公共產品帶來競爭，另一方面，對深具商人特性，對成本收益、對如何獲取更大利益感興趣的特朗普而言，這些公共產品和服務對其吸引力還不夠大。

如果希望特朗普對待中國的「一帶一路」倡議將「更加熱情」，我認為「一帶一路」除了「文化+經濟」之外，還需要再加上金融領域的互聯互通，以此提高包括特朗普在內的各國對「一帶一路」的熱情和興趣。

首先，我曾在多個公開場合提出，隨著全球各國金融系統趨於互聯互通，「金融語言」已漸成國際共同的語言，各國民眾對企業上市、股價、股市的波動等共同的體驗，已產生了具有廣泛認同性的「通感」。在這種「通感」面前，不同的語言、風俗、民族和國籍都不再是界限。

加強「一帶一路」在金融領域上的互聯互通，有助於各國加快認可和接受「一帶一路」倡議。雖然不少讀者會認為金融比較「離地」，但若設計得當，也可很「落地」。可考慮「落地」的措施有兩個，一是推動更多中國上市公司「走出去」，二是推動成立「一帶一路」融資平臺。

在推動更多中國上市公司「走出去」方面，中國政府可先引導、推動已在金融市場上市的企業，尤其是民營企業「走出去」。這些上市公司要啓動投資，相當大一部分投資資金會在金融市場，尤其是國

際金融市場。多了國際投資者的參與，一方面所投資的項目增加了國際持份者，有利於減輕投資風險；另一方面，中國上市公司可產生「雁行效應」，為歐美的養老基金、中東的主權基金帶來新的投資路徑。再者，外國投資者若參與投資了這些「一帶一路」項目，若不想投資虧損，料會想方設法為「一帶一路」保駕護航，減少「一帶一路」建設的阻力。

其次，可以利用目前自貿區等地區先行先試，推動成立一個獨立於內地股市的「一帶一路」融資平臺。如果能夠吸引「一帶一路」沿線國家的大企業到中國新設的「一帶一路」融資平臺來，一方面固然是資金融通的體現，另一方面，又可促進人民幣的國際化。畢竟，沿線國家的企業過來上市，籌集的資金是人民幣，更多國家持有人民幣，有利於人民幣的國際化。

更重要的是，能夠前往中國「一帶一路」融資平臺集資的外國企業，都是沿線國家的大企業，主導或部分主導著其所在國家的產業發展趨勢。對於平臺上的投資者，他們每年、每個季度都必須發表業績報告以及未來發展方向和準備推進的業務的報告，中國企業通過這些報告，可以分析出一些沿線國家的真正所需，這是有助於中國進行國際產能合作，以及國際產業分工的一個途徑。而對於中國民眾而言，現在中國企業、民眾手上資金充沛，但卻無更好的投資渠道，「一帶一路」融資平臺的設計，可給他們帶來一個新的渠道投資於「一帶一路」沿線國家企業。

如果希望美國未來參與「一帶一路」、亞投行，上述兩點的金融領域合作很可能是一個突破口。儘管特朗普與華爾街財團支持的希拉里理念並不相同，但作為一個地產開發商，他多年來投資、融資經驗

豐富,與金融機構頻繁打交道,對金融市場的邏輯和語言同樣非常熟悉。若「一帶一路」建設可加強在金融領域發力,則更容易找到特朗普的興奮點,在這種金融「通感」下,相信特朗普能迅速瞭解「一帶一路」的利益所在,與其眼見利益旁落他國,不如自己也參與分一杯羹。

在金融領域另一個可能是特朗普「癢點」的地方,是國際新金融規則的制定和完善。互聯網迅速發展衍生出了金融科技,帶來了新的金融產品,綠色金融的發展也成大勢所趨。面對金融業的新情況、新的交易模式和市場遊戲規則,目前全球金融治理未能與時俱進,大多仍糾纏於傳統的金融市場和產品,未來,金融體系的國際協作必不可少。當前,中國在金融科技及綠色金融領域已走在前列,美國若拋開中國制定和完善國際新金融規則並不太實際,與其拋開中國,不如和中國一起相互合作、協調,在金融監管製度、監管框架、法律框架等方面加強對金融科技、綠色金融等的監管、引導,使之滿足促進全球金融發展、完善治理的新需要。這也是美國利益得到滿足的一個體現,精於利益計算的特朗普相信不會錯過。

因此,如果「一帶一路」只有「文化+經濟」,對特朗普政府而言,只是一個選擇。如果「一帶一路」除了文化、經濟,還有金融,那對特朗普政府來說,可能是一個必需。「一帶一路」的「文化+經濟+金融」,會產生一個強大的誘因,促使特朗普政府對「一帶一路」更有熱情,未來或增加他對「一帶一路」合作的興趣。結果是否真如我所料,特朗普會否與中國在「一帶一路」上展開合作,讓我們拭目以待!

附　錄

滬港通政策簡介

一、滬港通的結構

上海證券交易所和香港聯合交易所將允許兩地投資者通過當地證券公司（或經紀商）買賣規定範圍內的對方交易所上市的股票。滬港通包括滬股通和港股通兩部分：滬股通，是指投資者委託香港經紀商，經由香港聯合交易所設立的證券交易服務公司，向上海證券交易所進行申報（買賣盤傳遞），買賣規定範圍內的上海證券交易所上市的股票；港股通，是指投資者委託內地證券公司，經由上海證券交易所設立的證券交易服務公司，向香港聯合交易所進行申報（買賣盤傳遞），買賣規定範圍內的香港聯合交易所上市的股票。

二、滬港通的意義

（1）有利於通過一項全新的合作機制增強中國資本市場的綜合實力。滬港通可以深化交流合作，擴大兩地投資者的投資渠道，提升

市場競爭力。

（2）有利於鞏固上海和香港兩個金融中心的地位。滬港通有助於提高上海及香港兩地市場對國際投資者的吸引力，有利於改善上海市場的投資者結構，進一步推進上海國際金融中心的建設；同時有利於香港發展成為內地投資者重要的境外投資市場，鞏固和提升香港的國際金融中心地位。

（3）有利於推動人民幣國際化，支持香港發展成為離岸人民幣業務中心。滬港通既可方便內地投資者直接使用人民幣投資香港股票市場，也可增加境外人民幣資金的投資渠道，方便人民幣在兩地的有序流動。

三、滬港通主要製度要點

（1）適用的交易、結算及上市規定。交易結算活動遵守交易結算發生地市場的規定及業務規則。上市公司將繼續受上市地上市規則及其他規定的監管。滬港通僅在滬港兩地均為交易日且能夠滿足結算安排時開通。

（2）結算方式。中國結算、香港結算採取直連的跨境結算方式，相互成為對方的結算參與人，為滬港通提供相應的結算服務。

（3）投資標的。試點初期，滬股通的股票範圍是上海證券交易所上證180指數、上證380指數的成分股，以及上海證券交易所上市的A+H股公司股票；港股通的股票範圍是香港聯合交易所恒生綜合大型股指數、恒生綜合中型股指數的成分股和同時在香港聯合交易所、上海證券交易所上市的A+H股公司股票。雙方可根據試點情況

對投資標的的範圍進行調整。

（4）投資額度。試點初期，對人民幣跨境投資額度實行總量管理，並設置每日額度，實行實時監控。滬股通初期總額度為 3,000 億元，深港通宣布後取消總額度，每日額度為 130 億元；港股通初期總額度為 2,500 億元，深港通宣布後取消總額度，每日額度為 105 億元。

（5）投資者。香港證監會要求參與港股通的境內投資者僅限於機構投資者，以及證券帳戶和資金帳戶餘額合計不低於人民幣 50 萬元的個人投資者。

四、兩地跨境監管和執法合作

完善違法違規線索發現的通報共享機制；

有效調查合作以打擊虛假陳述、內幕交易和市場操縱等跨境違法違規行為；

雙方執法交流與培訓；

提高跨境執法合作水平。

（資料來源：中國證監會、香港證監會）

深港通政策簡介

一、深港通開通後互聯互通機制的結構

（1）滬股通，是指投資者委託香港經紀商，經由香港聯合交易所在上海設立的證券交易服務公司，向上海證券交易所進行申報（買賣盤傳遞），買賣滬港通規定範圍內的上海證券交易所上市的股票。

（2）滬港通下的港股通，是指投資者委託內地證券公司，經由上海證券交易所在香港設立的證券交易服務公司，向香港聯合交易所進行申報（買賣盤傳遞），買賣滬港通規定範圍內的香港聯合交易所上市的股票。

（3）深股通，是指投資者委託香港經紀商，經由香港聯合交易所在深圳設立的證券交易服務公司，向深圳證券交易所進行申報（買賣盤傳遞），買賣深港通規定範圍內的深圳證券交易所上市的股票。

（4）深港通下的港股通，是指投資者委託內地證券公司，經由深圳證券交易所在香港設立的證券交易服務公司，向香港聯合交易所進行申報（買賣盤傳遞），買賣深港通規定範圍內的香港聯合交易所

上市的股票。

二、深港通不同於滬港通的製度

（一）投資標的

深股通的股票範圍是市值 60 億元及以上的深證成分指數和深證中小創新指數的成分股，以及深圳證券交易所上市的 A+H 股公司股票。深股通開通初期，通過深股通買賣深圳證券交易所創業板股票的投資者僅限於香港相關規則所界定的專業機構投資者，待解決相關監管事項後，其他投資者可以通過深股通買賣深圳證券交易所創業板股票。

深港通下的港股通的股票範圍是恒生綜合大型股指數的成分股、恒生綜合中型股指數的成分股、市值 50 億元港幣及以上的恒生綜合小型股指數的成分股，以及香港聯合交易所上市的 A+H 股公司股票。

市值的計算公式和方法由深圳證券交易所和香港聯合交易所公告。

（二）投資額度

深港通不再設總額度限制。深港通每日額度與滬港通現行標準一致，即深股通每日額度為 130 億元，深港通下的港股通每日額度為 105 億元。雙方可根據營運情況對投資額度進行調整。

（資料來源：中國證監會、香港證監會）

證券基金經營機構參與內地與香港股票市場交易互聯互通指引

第一條 為規範證券公司、公開募集證券投資基金的基金管理人（以下統稱證券基金經營機構）開展內地與香港股票市場交易互聯互通機制下港股通相關業務有關事項，防範營運風險，保護投資者合法權益，根據《證券法》《證券投資基金法》《證券公司監督管理條例》《內地與香港股票市場交易互聯互通機制若干規定》（證監會令第128號）、《公開募集證券投資基金運作管理辦法》（證監會令第104號）等法律法規，制定本指引。

第二條 證券基金經營機構開展內地與香港股票市場交易互聯互通機制下港股通相關業務，適用本指引的規定。本指引未作特別規定的，適用法律法規和中國證監會的其他監管規定。

第三條 證券基金經營機構開展港股通相關業務，不需要具備跨境業務資格，但應當按照業務性質取得相應的證券、基金業務資格，同時遵守相關業務的監管要求與自律規則。

第四條 證券基金經營機構開展港股通相關業務，應當建立健全

內部管理製度和業務流程，強化內部控製，完善風險管理，做好製度、流程、人員、系統等方面的準備工作。

第五條 證券公司接受投資者委託提供港股通交易服務，應當遵守以下要求：

（一）按照規定履行投資者教育義務，採取模擬交易、專人講解、填寫問卷、播放音視頻資料等多種形式，確保擬參與港股通交易的個人投資者充分理解內地與香港地區在信息披露、交易、結算等製度和監管規則等方面的差異。

（二）按照規定開展投資者風險揭示，緊密圍繞內地與香港股票市場交易互聯互通機制特點，向投資者揭示港股通機制額度控製、交易日差異、無漲跌幅限制、標的股票長期停復牌、頻繁供股合股、直接退市等帶來的特有風險，以及不同買賣盤傳遞通道下港股通在交易、結算、匯率方面的差異等，做到語言通俗易懂、形式醒目突出、內容準確明晰。

（三）穩妥有序開通投資者交易權限，合理設計內部考核指標，確保具有明確意願、資產規模符合要求、投資經驗豐富、對香港證券市場有充分認識的客戶參與港股通交易，不得片面追求開戶數量與客戶規模。

（四）提示投資者存在兩條買賣盤傳遞通道的，在下達委託指令時應當由其明確選定買賣盤傳遞通道，未經投資者明示同意，證券公司不得擅自為投資者選定。

（五）按照平等、自願、公平、誠實信用的原則收取交易佣金，佣金標準應當與客戶協商確定，但不得低於服務成本；不得以任何形式開展不正當競爭，不得虛假宣傳、誤導投資者。

（六）保證技術系統符合要求，技術系統應當具備信息提示和信息推送功能，在客戶端顯示不同買賣盤傳遞通道下當日剩餘可用額度、交易日期提示、訂單錯誤信息提示等信息；具備可用資金金額、可取資金餘額控製功能，投資者T日賣出香港股票的資金在T+2日境內交易時可以使用，但香港市場延遲交收導致客戶資金不能按時交收等特殊情形除外；具備監控異常交易、排除標的範圍外香港股票買入等功能。

（七）完善糾紛處理和應急機制，加強投資者服務，保持投訴渠道暢通，妥善處理客戶投訴。

（八）持續加強從業人員培訓，確保參與港股通相關業務的行銷、開戶、投教、客服等從業人員熟練掌握相關業務知識，及時、準確解答投資者諮詢。

第六條 證券公司向參與港股通的投資者提供涉及香港股票的投資諮詢服務，應當執行中國證監會證券投資諮詢業務的有關規定。證券公司在香港地區向參與內地與香港股票市場交易互聯互通機制的投資者提供涉及A股的投資諮詢服務，應當向香港證券監管機構申請相關業務牌照。

香港持牌機構以其具有中國證監會證券投資諮詢業務資格的內地關聯機構（合資證券公司、合資證券投資諮詢機構、母公司等）的名義，向內地投資者發布涉及香港股票的研究報告，應當由內地註冊證券分析師在相關研究報告上署名。

第七條 證券公司可以以自有資金投資港股通標的證券。證券公司自營業務參與港股通交易的，應當按照規定標準計算相關風險控製指標。

第八條 證券基金經營機構資產管理業務參與港股通交易的，應當在資產管理合同中做出明確約定，保障客戶選擇退出資產管理合同的權利，對相關後續事項做出合理安排，並依法履行相關備案程序。證券基金經營機構修訂現有資產管理合同參與港股通交易的，應當按照規定取得客戶和資產託管機構的同意。

第九條 公開募集證券投資基金參與港股通交易的，基金管理人應當針對港股通交易制定嚴格的授權管理製度和投資決策流程，配備具有境外投資管理相關經驗的人員。公開募集證券投資基金（以下簡稱「基金」）可以全部或部分投資於港股通標的股票，但基金合同等法律文件應當約定相關股票的投資比例和策略，並充分揭示風險。

已經獲得中國證監會核准或準予註冊的基金參與港股通交易，應當遵守以下規定：

（一）基金合同明確約定可以投資香港股票的，可以通過原有機制或者港股通機制投資香港股票，兩種機制應當分別遵守相關法律法規及業務規則，股票投資比例合計以及投資範圍應當符合法律法規和基金合同的約定；

（二）基金合同沒有明確約定可以投資香港股票的，如要參與港股通，或者基金擬投資的香港股票範圍與基金合同約定不一致的，基金管理人須召開基金份額持有人大會，決定投資港股的範圍、種類、比例及策略等，依法履行修改基金合同程序後，方可參與港股通。

第十條 證券基金經營機構資產管理業務、基金管理業務參與港股通交易的，應當根據相關法律法規和業務規則，確定港股通交易的結算模式，與經紀商、託管人明確交易執行、資金劃撥、資金清算、會計核算等業務中的權利和義務，建立資金安全保障機制，有效防止

透支交易，嚴禁資金挪用。

託管人應當加強對資產管理業務、基金管理業務參與港股通交易的監督、核查和風險控製，切實保護投資者的合法權益。

第十一條 證券公司應當按照規定披露港股通相關業務的開展情況。基金應當在定期報告和招募說明書（更新）等文件中披露參與港股通交易的相關情況。

第十二條 證券基金經營機構從事私募投資基金管理業務的子公司參與港股通交易的，參照適用本指引。

第十三條 本指引自公布之日起施行。《公開募集證券投資基金參與滬港通交易指引》（證監會公告〔2015〕5號）同時廢止。

國家圖書館出版品預行編目(CIP)資料

中國股市新機遇 / 梁海明, 彭琳 主編. -- 第一版.
-- 臺北市：財經錢線文化出版：崧博發行, 2018.12
  面 ； 公分
ISBN 978-957-680-298-0(平裝)
1.證券市場 2.中國
563.62　　　　107019302

書　名：中國股市新機遇
作　者：梁海明、彭琳 主編
發行人：黃振庭
出版者：財經錢線文化事業有限公司
發行者：崧博出版事業有限公司
E-mail：sonbookservice@gmail.com
粉絲頁　　　　　　網　址：
地　址：台北市中正區延平南路六十一號五樓一室
8F.-815, No.61, Sec. 1, Chongqing S. Rd., Zhongzheng Dist., Taipei City 100, Taiwan (R.O.C.)
電　話：(02)2370-3310　傳　真：(02) 2370-3210
總經銷：紅螞蟻圖書有限公司
地　址：台北市內湖區舊宗路二段121巷19號
電　話：02-2795-3656　傳真：02-2795-4100　網址：
印　刷：京峯彩色印刷有限公司（京峰數位）

　本書版權為西南財經大學出版社所有授權崧博出版事業有限公司獨家發行電子書及繁體書繁體版。若有其他相關權利及授權需求請與本公司聯繫。
定價：400元
發行日期：2018年 12 月第一版
◎ 本書以POD印製發行